비행 중 객실서비스 실무

이륙 후부터 착륙 전까지

In-Flight Service

Cengage

In-Flight Service

Yae Kyung Hee
Kim Jin Sil
Park Po Ram

ISBN-13: 978-89-6218-574-4

Cengage Learning Korea Ltd.
14F YTN Newsquare 76 Sangamsan-ro
Mapo-gu Seoul 03926 Korea

Cengage is a leading provider of customized learning solutions with employees residing in nearly 40 different countries and sales in more than 125 countries around the world. Find your local representative at: **www.cengage.com.**

To learn more about Cengage Solutions, visit **www.cengageasia.com**

Every effort has been made to trace all sources and copyright holders of news articles, figures and information in this book before publication, but if any have been inadvertently overlooked, the publisher will ensure that full credit is given at the earliest opportunity.

Printed in Korea
Print Number: 01 Print Year: 2025

In-Flight Service

비행 중 객실서비스 실무

이륙 후부터 착륙 전까지

예경희 · 김진실 · 박보람 지음

Cengage

Australia • Brazil • Canada • Mexico • Singapore • United Kingdom • United States

비행 중 객실서비스 실무 이륙 후부터 착륙 전까지

초판 1쇄 인쇄 | 2025년 1월 21일
초판 1쇄 발행 | 2025년 1월 31일

지은이 | 예경희 · 김진실 · 박보람
발행인 | 리리안후아 · 탄록민
편집기획 | 김민정
발행처 | 센게이지러닝코리아㈜
등록번호 | 제313-2007-000074호(2007.3.19.)
주소 | 서울시 마포구 상암산로 76 YTN 뉴스퀘어 14층
이메일 | asia.infokorea@cengage.com
홈페이지 | www.cengage.co.kr
ISBN | 978-89-6218-574-4

정가 25,000원

머리말

객실 승무원은 항공 산업의 핵심적인 존재입니다. 승무원의 세심하고 배려 깊은 서비스는 고객의 비행 만족도를 높이고 잊지 못할 경험을 제공함으로써 항공사의 브랜드 가치와 신뢰도를 높이기 때문입니다. 이러한 승무원의 노력은 단순히 물리적인 거리를 좁히는 비행의 차원을 넘어, 다양한 문화와 사람들을 연결하고 지식과 감동을 공유하며 전 세계를 더 가깝게 만드는 항공 산업의 본질적 가치를 실현하는 데 중요한 역할을 합니다. 하늘을 나는 인간의 꿈에서 시작된 항공 산업의 발전은 오늘날 세계를 연결하는 가장 중요한 수단으로 자리 잡았으며, 이 모든 과정의 중심에는 전문성과 책임감으로 가득 찬 승무원이 존재합니다.

이 교재에는 이륙 후부터 착륙 전까지 비행 중 기내 서비스 과정을 담았습니다. 직무 수행에 필요한 능력을 국가적 차원에서 체계화한 NCS(National Competency Standards, 국가직무능력표준)의 항공 객실 서비스 능력 단위 중 '비행 중 및 착륙 전 서비스'를 체계적으로 정리했습니다. 이륙 후 서비스/기내 음료 및 기내식 서비스/기내 정리 및 입국 서류, 기내 판매, 기내 엔터테인먼트 서비스/승객 휴게 시 및 착륙 전 업무를 능력 단위 요소별로 현장감 있게 구성하여, 예비 승무원들이 전문 서비스인으로 성장할 수 있도록 도움을 주고자 했습니다. 더불어 각 장의 후반부에 구성된 Let's Practice 및 Role Playing의 다양한 실습과 사례 연구를 통해, 현장에 즉시 적용할 수 있는 실무 중심의 역량을 키울 수 있을 것입니다.

항공 산업은 끊임없이 변화하고 있습니다. 기술의 발전, 고객 기대의 변화, 새로운 트렌드의 등장 속에서 승무원의 역할 역시 지속적으로 진화하고 있습니다. 이러한 변화에 발맞추어 끊임없이 배우고 성장하는 자세야말로 진정한 서비스 전문가로서 갖추어야 할 기본 조건입니다. 여러분이 이 교재를 통해 배우게 될 내용은 단순히 지식이 아닙니다. 여러분은 기내 서비스 전문가이자, 항공 산업을 이끌어 갈 인재로 성장하는 데 필요한 역량을 갖추게 될 것입니다. 고객의 안전을 지키고 최고의 서비스를 제공하는 과정은 누군가에게 잊지 못할 순간이 되고, 미래의 여러분에게 직업적 소명과 자부심을 안겨 줄 것입니다.

예비 승무원 여러분! 비행기라는 특별한 공간에서 고객을 맞이하고 돕는 일은 결코 쉽지 않지만, 그만큼 여러분의 열정과 꿈을 펼칠 수 있는 가장 빛나는 일이기도 합니다. 여러분의 진실하고 따뜻한 마음이 승객에게 전해질 때, 그 어떤 직업에서도 느낄 수 없는 특별한 보람과 가치를 느끼게 될 것입니다. 하늘을 무대로 고객과 소통하며 자신의 꿈을 펼쳐 여러분의 날개가 더 높고 더 멀리 뻗어 나가기를 바랍니다. 이 교재를 손에 든 여러분의 노력과 열정에 깊은 감사의 말씀을 드리며, 항공 산업의 새로운 미래를 열어 갈 여러분의 비상(飛上)을 진심으로 응원합니다.

끝으로 이 교재가 탄생하기까지 함께 노력해 주신 모든 분께 감사의 인사를 전합니다. 사진과 영상 자료 제작에 기꺼이 참여해 준 인하공업전문대학 항공운항과 학생들, 자료 제공과 조언을 아끼지 않은 현장 객실 승무원과 인하공업전문대학 항공운항과 교수님들, 책이 완성되기까지 물심양면 지원해 주신 센게이지러닝코리아 관계자분들께 고개 숙여 깊이 감사드립니다. 더불어 언제나 든든한 지원자로서 아낌없는 응원을 보내 주는 소중한 가족과 친구들에게도 진심 어린 감사의 마음을 전합니다.

감사합니다.

2025년 1월

저자 예경희, 김진실, 박보람

차례

Chapter 1 이륙 후 서비스

NCS 들어가기

1. 국가직무능력표준의 개념

국가직무능력표준(National Competency Standards, NCS)은 산업 현장에서 직무를 수행하는 데 필요한 지식, 기술, 소양 등을 국가가 산업 부문별, 수준별로 체계화하여 국가적 차원에서 표준화한 것이다.

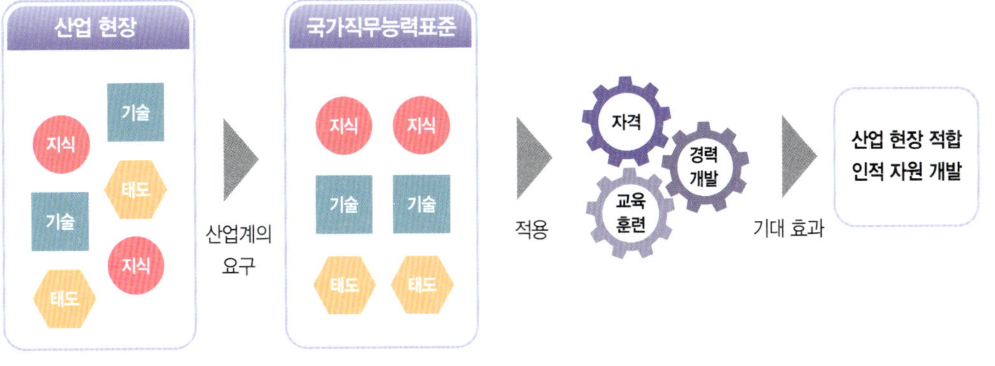

2. 국가직무능력표준의 구성

- 능력 단위는 NCS 기본 구성 요소로 복수의 능력 단위 요소, 적용범위 및 작업상황, 평가지침, 직업기초능력 등의 정보로 구성된다.
- 능력 단위 요소는 수행준거, 지식 · 기술 · 태도로 구성된다.

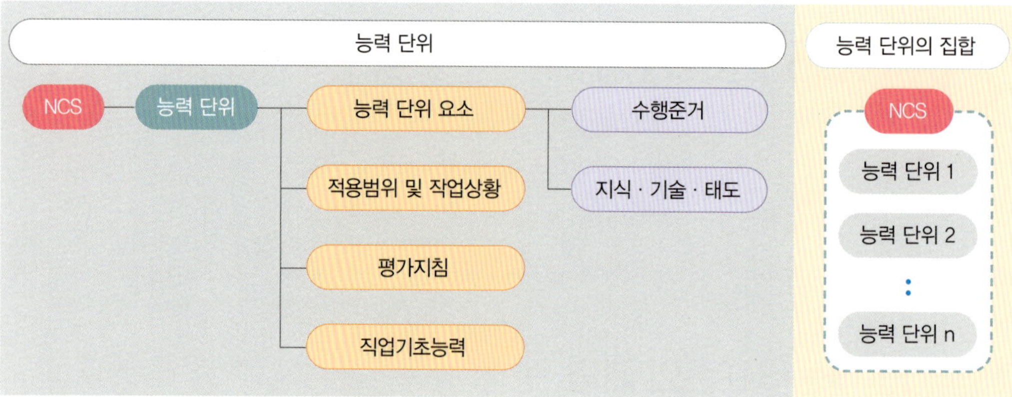

※ 능력 단위는 능력 단위 분류 번호, 능력 단위 정의, 능력 단위 요소(수행준거, 지식 · 기술 · 태도), 적용범위 및 작업상황, 평가지침, 직업기초능력으로 구성된다.

3. 국가직무능력표준의 수준 체계

수준	직무 수준 정의
8수준	해당 분야의 최고도 이론 및 지식을 활용하여 새로운 이론을 창조할 수 있고, 최고도의 숙련으로 광범위한 기술적 작업을 수행할 수 있으며, 조직 및 업무 전반에 대한 권한과 책임이 부여된 수준
	[지식 기술] • 해당 분야에 대한 최고도의 이론 및 지식을 활용하여 새로운 이론을 창조할 수 있는 수준 • 최고도의 숙련으로 광범위한 기술적 작업을 수행할 수 있는 수준
	[역량] • 조직 및 업무 전반에 대한 권한과 책임이 부여된 수준
	[경력] • 7수준에서 2~4년 정도의 계속 업무 후 도달 가능한 수준
7수준	해당 분야의 전문화된 이론 및 지식을 활용하여 고도의 숙련으로 광범위한 작업을 수행할 수 있으며 타인의 결과에 대해 의무와 책임이 필요한 수준
	[지식 기술] • 해당 분야의 전문화된 이론 및 지식을 활용할 수 있고, 근접 분야의 이론 및 지식을 사용할 수 있는 수준 • 고도의 숙련으로 광범위한 작업을 수행하는 수준
	[역량] • 타인의 결과에 대해 의무와 책임이 필요한 수준
	[경력] • 6수준에서 2~4년 정도의 계속 업무 후 도달 가능한 수준

수준	직무 수준 정의
6수준	독립적인 권한 내에서 해당 분야의 이론 및 지식을 자유롭게 활용하고, 일반적인 숙련으로 다양한 과업을 수행하며, 타인에게 해당 분야의 지식 및 노하우를 전달할 수 있는 수준
	[지식 기술] • 해당 분야의 이론 및 지식을 자유롭게 활용할 수 있는 수준 • 일반적인 숙련으로 다양한 과업을 수행할 수 있는 수준
	[역량] • 타인에게 해당 분야의 지식 및 노하우를 전달할 수 있는 수준 • 독립적인 권한 내에서 과업을 수행할 수 있는 수준
	[경력] • 5수준에서 1~3년 정도의 계속 업무 후 도달 가능한 수준
5수준	포괄적인 권한 내에서 해당 분야의 이론 및 지식을 사용하여 매우 복잡하고 비일상적인 과업을 수행하고, 타인에게 해당 분야의 지식을 전달할 수 있는 수준
	[지식 기술] • 해당 분야의 이론 및 지식을 사용할 수 있는 수준 • 매우 복잡하고 비일상적인 과업을 수행할 수 있는 수준
	[역량] • 타인에게 해당 분야의 지식을 전달할 수 있는 수준 • 포괄적인 권한 내에서 과업을 수행할 수 있는 수준
	[경력] • 4수준에서 1~3년 정도의 계속 업무 후 도달 가능한 수준
4수준	일반적인 권한 내에서 해당 분야의 이론 및 지식을 제한적으로 사용하여 복잡하고 다양한 과업을 수행하는 수준
	[지식 기술] • 해당 분야의 이론 및 지식을 제한적으로 사용할 수 있는 수준 • 복잡하고 다양한 과업을 수행할 수 있는 수준
	[역량] • 일반적인 권한 내에서 과업을 수행할 수 있는 수준
	[경력] • 3수준에서 1~3년 정도의 계속 업무 후 도달 가능한 수준
3수준	제한된 권한 내에서 해당 분야의 기초 이론 및 일반 지식을 사용하여 다소 복잡한 과업을 수행하는 수준
	[지식 기술] • 해당 분야의 기초 이론 및 일반 지식을 사용할 수 있는 수준 • 다소 복잡한 과업을 수행하는 수준
	[역량] • 제한된 권한 내에서 과업을 수행하는 수준
	[경력] • 2수준에서 1~3년 정도의 계속 업무 후 도달 가능한 수준

수준	직무 수준 정의
2수준	일반적인 지시 및 감독하에 해당 분야의 일반 지식을 사용하여 절차화되고 일상적인 과업을 수행하는 수준
	[지식 기술] • 해당 분야의 일반 지식을 사용할 수 있는 수준 • 절차화되고 일상적인 과업을 수행하는 수준
	[역량] • 일반적인 지시 및 감독하에 과업을 수행하는 수준
	[경력] • 1수준에서 6~12개월 정도의 계속 업무 후 도달 가능한 수준
1수준	구체적인 지시 및 철저한 감독하에 문자 이해, 계산 능력 등 기초적인 일반 지식을 사용하여 단순하고 반복적인 과업을 수행하는 수준
	[지식 기술] • 문자 이해, 계산 능력 등 기초적인 일반 지식을 사용할 수 있는 수준 • 단순하고 반복적인 과업을 수행하는 수준
	[역량] • 구체적인 지시 및 철저한 감독하에 과업을 수행하는 수준

출처: NCS 홈페이지(http://www.ncs.go.kr)

NCS 항공 객실 서비스 직무 살펴보기

1. NCS 항공 객실 서비스 직무의 정의

항공 객실 서비스란 객실 안전 관리, 승객 탑승 전 준비, 승객 탑승 서비스, 이륙 전 서비스, 비행 중 서비스, 착륙 전 서비스, 착륙 후 서비스, 승객 하기 후 관리, 응급 환자 대처, 객실승무 관리를 하는 일이다.

2. NCS 항공 객실 서비스 직무의 능력 단위

순번	능력 단위
1	기내 안전 관리
2	승객 탑승 전 준비
3	승객 탑승 및 이륙 전 서비스
4	비행 중 서비스
5	착륙 전 서비스
6	착륙 후 서비스
7	승객 하기 후 관리
8	응급 환자 대처
9	객실 승무 관리
10	기내 음료 서비스
11	항공 서비스 업무 기본
12	항공 기내 방송 업무
13	고객 만족 서비스
14	항공 서비스 매너

3. NCS 항공 객실 서비스 직무의 능력 단위 및 능력 단위 요소

분류 번호	능력 단위	수준	능력 단위 요소
1203010501_15v2	기내 안전 관리	3	승객 탑승 전 안전 · 보안 점검하기
			항공기 이착륙 전 안전 · 보안 관리하기
			비행 중 안전 · 보안 관리하기
			착륙 후 안전 · 보안 점검 · 관리하기
			비상사태 발생 시 대응하기
			상황별 안전 안내 방송하기
1203010502_13v1	승객 탑승 전 준비	3	기내 서비스 용품 점검하기
			서비스 설비 및 기물 점검하기
			특별 서비스 요청 사항 점검하기
1203010503_16v2	승객 탑승 및 이륙 전 서비스	3	탑승 위치 대기하기
			탑승권 재확인하기
			좌석 안내하기
			수하물 정리 지원하기
			특수 고객 지원하기
			탑승 환영 안내 방송하기
1203010504_13v1	비행 중 서비스	3	기내 음료 제공하기
			기내식 제공하기
			기내 오락물 제공하기
			면세품 판매하기
			객실 상태 점검하기
1203010505_16v2	착륙 전 서비스	3	입국 서류 배포 및 작성 지원하기
			기내 용품 회수하기
			기내 서비스 용품 및 면세품 재고 확인하기
			목적지 도착 안내 방송하기
1203010506_16v2	착륙 후 서비스	3	도착 안내 방송하기
			승객 하기 지원하기
			특수 고객 지원하기
1203010507_13v1	승객 하기 후 관리	3	유실물 점검하기
			잔류 승객 점검하기
			기내 설비 점검하기
			기내 용품 인수 · 인계하기

분류 번호	능력 단위	수준	능력 단위 요소
1203010508_13v1	응급 환자 대처	3	응급 환자 발생 상황 파악 · 보고하기
			응급 환자 초기 대응하기
			응급 환자 후속 관리하기
			환자 대처 상황 기록하기
1203010509_16v2	객실 승무 관리	4	객실 승무원별 근무 배정하기
			운항 · 객실 간 정보 공유하기
			불만 승객 대처하기
			출 · 도착 서류 작성 · 관리하기
			객실 서비스 관리하기
1203010510_16v1	기내 음료 서비스	2	기내 음료 파악하기
			기내 음료 제공하기
1203010511_16v1	항공 서비스 업무 기본	2	항공 서비스 관련 서류 확인하기
			항공 여객 정보 확인하기
1203010512_16v1	항공 기내 방송 업무	3	항공 기내 방송 준비하기
			정상적 상황 방송하기
			비정상 상황 방송하기
			비상 상황 방송하기
1203010513_16v1	고객 만족 서비스	3	서비스 마인드 함양하기
			이미지 메이킹하기
			불만 고객 대처하기
1203010514_16v1	항공 서비스 매너	2	기본 매너 갖추기
			항공 서비스 매너 관리하기

출처: NCS 홈페이지(http://www.ncs.go.kr)

항공 객실 서비스 직무의 능력 단위별 세부 내용

비행 중 서비스

분류 번호 | 1203010504_13v1

능력 단위 명칭 | 비행 중 서비스

능력 단위 정의 | 비행 중 서비스란 기내 음료 제공, 기내식 제공, 기내 오락물 제공, 면세품 판매, 객실 상태 점검을 수행하는 능력이다.

능력 단위 요소	수행준거
1203010504_13v1.1 기내 음료 제공하기	1.1 객실 서비스 규정에 따라, 비알코올 음료(Cold Beverage, Hot Beverage)에 관한 정보를 승객에게 전달할 수 있다. 1.2 객실 서비스 규정에 따라, 다양한 칵테일 제조에 필요한 술의 종류와 첨가 음료에 관한 정보를 숙지하여, 제조할 수 있다. 1.3 객실 서비스 규정에 따라, 다양한 와인에 관한 정보를 파악하여, 서비스 및 회수할 수 있다.
	[지식] • 칵테일 제조 및 서비스 이해 • 알코올 · 비알코올 음료에 대한 지식 • 테이블 매너 이해 • 와인에 대한 지식(원산지, 특성, 어울리는 음식, 서비스 방법) • 원산지별 커피 종류와 로스팅 등 음용 방법 이해
	[기술] • 칵테일 제조 능력 • 와인 서비스 능력 • 음료 서비스 기물 사용 기술(머들러, 캐리어, 칵테일 종류에 따른 글라스 선정, 칵테일 픽, 코스터 등)
	[태도] • 적극적 자세 유지 • 고객 특성에 대한 이해 노력

능력 단위 요소	수행준거
1203010504_13v1.2 기내식 제공하기	2.1 객실 서비스 규정에 따라, 기내에서 제공되는 식사를 위한 세팅(Setting) 및 데우기(Heating) 등을 수행할 수 있다. 2.2 특별 서비스 요청서(SSR: Special Service Request)에 따라 특별식을 확인 후, 서비스 및 회수할 수 있다. 2.3 객실 서비스 규정에 따라, 승객 선호를 확인하여, 테이블 매너에 따른 기내식을 서비스 및 회수할 수 있다.
	[지식] • 테이블 매너 이해 • 고객 만족 서비스 이해 • 기내식 서비스를 위한 기물의 종류와 사용법 • 특별식 종류와 특성 이해
	[기술] • 세련된 서비스 매너 기술 • 코스별 서비스 기술 • 세팅(Setting) 기술 • 데우기(Heating) 기술
	[태도] • 세심한 태도 • 배려 있는 태도 • 겸손한 태도 • 친절한 태도
1203010504_13v1.3 기내 오락물 제공하기	3.1 객실 서비스 규정에 따라, 기내에서 제공되는 오락물 상영을 위한 기내 시설물과 기물을 사용할 수 있다. 3.2 객실 서비스 규정에 따라, 비행 중 서비스되는 상영물에 관한 종류와 내용을 고객에게 전달할 수 있다. 3.3 객실 서비스 규정에 따라, 조명 및 객실 상태를 점검하고, 오락물을 제공할 수 있다.
	[지식] • 객실 오락 설비(오디오, 비디오 등) 이해 • 객실 오락물에 관한 지식
	[기술] • 오락 설비 사용 기술 • 조명 기기 조절 기술
	[태도] • 배려 있는 태도 • 적극적 자세 유지 • 친절한 태도

능력 단위 요소	수행준거
1203010504_13v1.4 면세품 판매하기	4.1 객실 서비스 규정에 따라, 면세품 판매를 위한 기본적인 상품을 세팅하고, 판매할 수 있다. 4.2 객실 서비스 규정에 따라, 국가별 면세품 구매 한도에 관한 정보를 전달할 수 있다. 4.3 객실 서비스 규정에 따라, 면세품 판매 전·후 재고 파악 및 인수인계를 위한 서류를 정리할 수 있다.
	[지식] • 국가별 면세 한도액 규정 이해 • 기내 면세품에 관한 정보 이해 • 객실 서비스 규정 이해
	[기술] • 효율적인 판매를 위한 세팅 기술 • 신용카드 리더기 사용 기술 • 인수인계를 위한 행정 서류 정리 기술
	[태도] • 세심한 태도 • 정확성 유지 • 친절한 태도
1203010504_13v1.5 객실 상태 점검하기	5.1 객실 서비스 규정에 따라, 고객 서비스를 위해 객실 시설물을 수시로 점검하고, 조치를 할 수 있다. 5.2 객실 서비스 규정에 따라 기내식 서비스 후 객실 통로 및 주변을 청결히 할 수 있다. 5.3 객실 서비스 규정에 따라 승객의 쾌적한 여행을 위해 객실 내 온도 및 조명을 관리할 수 있다.
	[지식] • 화장실 용품 사용법 • 화장실 설비에 관한 지식 • 조리실(Galley) 내 기물 사용법 • 조리실(Galley) 내 용품에 관한 지식
	[기술] • 조리실(Galley) 내 용품 정돈 기술 • 인수인계 용품의 확인과 정리 기술 • 객실 온도 및 조명 조절 기술
	[태도] • 성실한 태도 • 청결함 유지

출처: NCS 홈페이지(http://www.ncs.go.kr)

Chapter

1

이륙 후 서비스

geargodz/iStock/Getty Images Plus/Getty Images

창밖으로 펼쳐지는 구름의 풍경이 비행의 여유로움을 더해 줍니다. 하지만 객실 승무원은 안전 고도에 이를 때까지 30 Second Review를 하며 안전한 비행을 준비하는데요. 곧 기장이 좌석벨트 표시등을 끄며 본격적인 기내 서비스가 시작됨을 알립니다. 승무원들은 비행 중 필요한 서비스 물품을 제공하거나 유아용 요람을 설치하며 편안한 비행을 위한 기본 업무를 수행하게 됩니다. 지금부터 이륙 후 서비스에 대해 알아보겠습니다.

01

이륙 후 서비스 절차 개요

항공기가 이륙하여 안전 고도에 이르면 좌석벨트 표시등이 꺼지고, 객실 승무원은 본인의 Jump Seat에서 일어나 기내 서비스 절차에 따라 객실 서비스를 제공한다. 이륙 후 객실 서비스는 항공사 및 노선별 특징에 따라 절차가 각각 다르지만 일반적으로 Full Service Carrier(이하 FSC로 칭함) 항공사의 장거리 노선을 기준으로 아래와 같은 서비스를 순서대로 제공한다.

1. 서비스 용품 제공 (Earphone or Headphone, Child G/Away 등)
2. 갤리 브리핑 (Galley Briefing)
3. 1st 식음료 서비스 (식전 음료, 식사 서비스, Hot Beverage, 식사 회수)
4. 기내 정리 (Clear Off)
5. 입국 서류 배포 및 작성 (Entry Documents)
6. 기내 판매 (In-flight Sales)
7. 승객 휴식 (Pax Rest)
8. 2nd 식음료 서비스 (식전 음료, 식사 서비스, 식사 회수)
9. 기내 정리 (Clear Off)
10. 착륙 준비 (Preparation For Landing)

02

이륙 후 기내 표준 신호

일반적으로 비행 고도가 10,000ft(약 3km)를 넘어섰을 때, 기장은 기류의 안정 여부를 고려하여 다음 표와 같이 객실 승무원에게 정보를 전달한다.

이륙 후 10,000ft 통과 시 기내 표준 신호(Standard Communication Signals)

표준 신호	발신자	대응
Fasten Seatbelt Sign 'OFF' Chime 1회	기장	• '좌석벨트 상시 착용 안내 방송' 실시
Fasten Seatbelt Sign 'ON' 상태에서 Chime 1회 단, Airbus 기종은 인터폰 이용		• 객실 승무원 이석 가능 • 승객 착석 유지 • Turbulence 방송 불필요
Fasten Seatbelt Sign 'ON' 상태에서 Chime 2회		• 객실 승무원 착석 유지 • 승객 착석 유지 • Turbulence 방송 불필요

(K 항공사 기준)

항공기가 10,000ft를 통과하여 기류가 안정된 상황에서 기장은 좌석벨트 표시등을 끄고 객실 승무원과 승객의 이동이 가능함을 알린다. 이 표준 신호를 확인하여 기내 방송 담당 승무원은 '좌석벨트 상시 착용 안내 방송'을 실시한다.

Q 비행기가 이륙하여 안전 고도에 이르고 난 후에도 계속 난기류가 지속되어 좌석벨트 표시등이 꺼지지 않을 경우 객실 승무원은 어떤 조치를 해야 할까요?

A ________________________________

03

좌석벨트 상시 착용 안내 방송 및 객실 조명 조절

1) 좌석벨트 상시 착용 안내 방송

기내 방송 담당자는 기내 표준 신호(Fasten Seatbelt Sign 'OFF', Chime 1회)를 확인한 후 좌석벨트 상시 착용 안내 방송을 실시한다. 지상에서 승객이 탑승하기 전에 방송 모니터링을 실시했다고 해도, 이륙 후 처음 실시하는 좌석벨트 상시 착용 안내 방송을 실시한 후 전체 승무원이 다시 한번 방송 상태를 모니터링해야 한다.

Tips 이륙 후 모니터링 절차

비행 중 기내 환경 변화로 시스템 결함이 발생할 수 있으므로 방송 상태 이상 여부를 실시간으로 모니터링해야 한다. 이륙 후 '좌석벨트 상시 착용 안내' 방송 전 All Call을 통해 방송 시작을 알리고, 한두 문장이 끝날 즈음 방송 상태에 대한 PA Monitoring 수신호를 보낸다.

PA Monitoring 수신호

상태가 양호할 때	볼륨이 클 때	볼륨이 작을 때
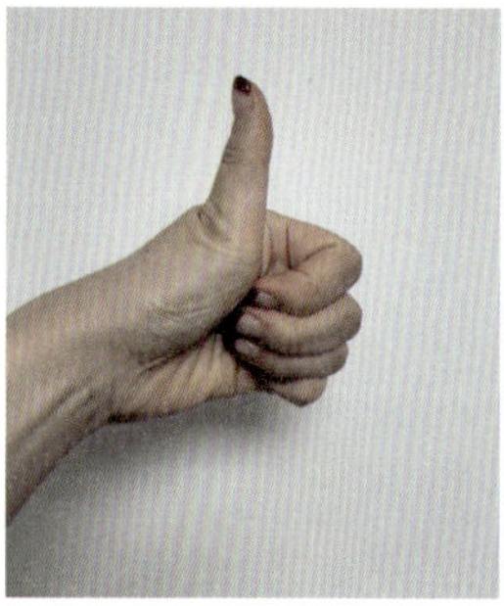	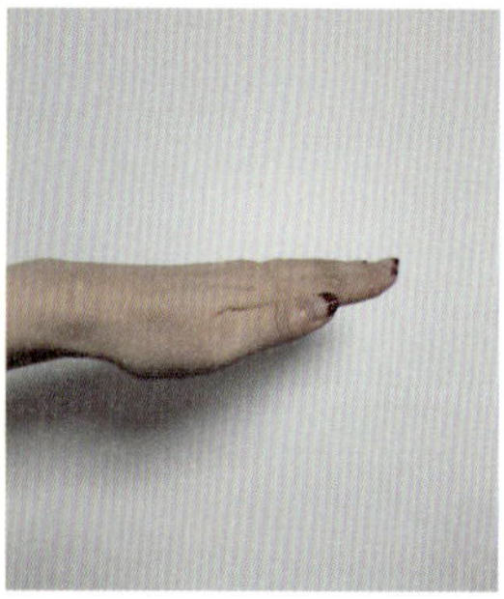	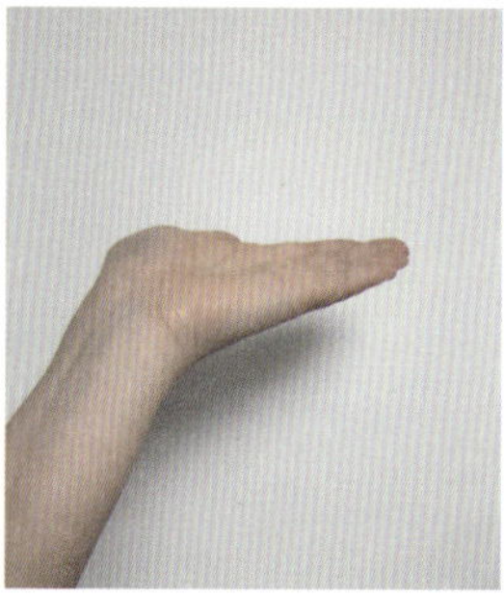

Fasten Seatbelt Sign Off (좌석벨트 상시 착용 안내) 방송문

방금 좌석벨트 표시등이 꺼졌습니다. 그러나 비행기가 갑자기 흔들리는 경우에 대비해 자리에서는 항상 좌석벨트를 매시기 바랍니다. 감사합니다.

The captain has turned off the seatbelt sign. However, we recommend that you keep your seatbelt fastened throughout the flight. Thank you.

* Fasten Seatbelt Sign Off 직후에 방송한다.

2) 객실 조명 조절

이·착륙은 항공기 운항 중 가장 위험한 단계로 간주된다. 이륙 시 갑작스러운 비상 상황이 발생하면, 승객들은 신속하게 비상구를 찾아야 할 수도 있다. 이러한 이유로 이륙 전 기내 조명을 어둡게 하여 승객들의 눈을 어두운 환경에 적응하게 한다. 따라서 객실 사무장은 좌석벨트 표시등이 꺼지면 이륙 시 어두운 상태로 조절했던 객실 조명을 적절하게 조정하여 서비스 시작을 알린다.

객실 조명은 서비스 절차와 서비스 시간대에 따라 다르게 조정한다. 일반적으로 이륙 후 식음료 서비스를 제공하는 시점에는 Full Bright로, 심야 시간에는 Dim으로 조절한다.

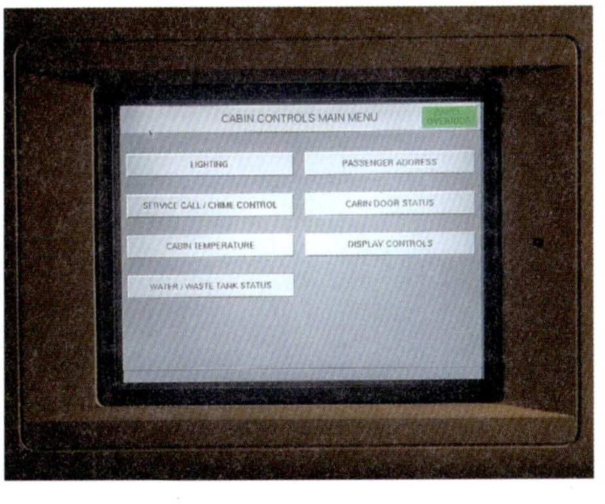

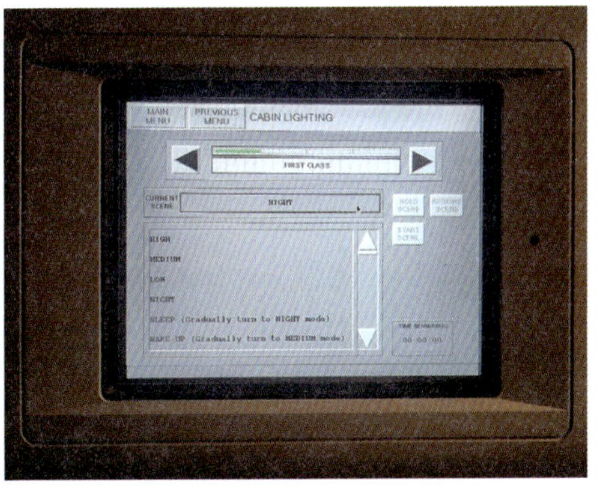

04

서비스 용품 제공

1) 이어폰(헤드폰, 편의용품, 어린이 탑승 기념 선물) 제공

기내 오락물을 시청할 수 있는 이어폰(또는 헤드폰)은 항공사별로 제공 방법이 상이하다. 이어폰은 승객 탑승 전에 승객 좌석 위에 Pre-setting되거나 이어폰(또는 헤드폰)을 담당 승객 인원수만큼 Drawer에 담아 서비스한다. 하지만 최근 국내 항공사의 경우 이어폰, 편의용품, 어린이 탑승 기념 선물, 헤드폰 등을 지상에서 제공받지 못한 승객을 대상으로 이륙 후 다시 제공한다. Aisle 담당 승무원들은 Drawer 또는 Large Tray를 이용하여 담당 구역별로 Meal 서비스 제공 전까지 완료해야 한다.

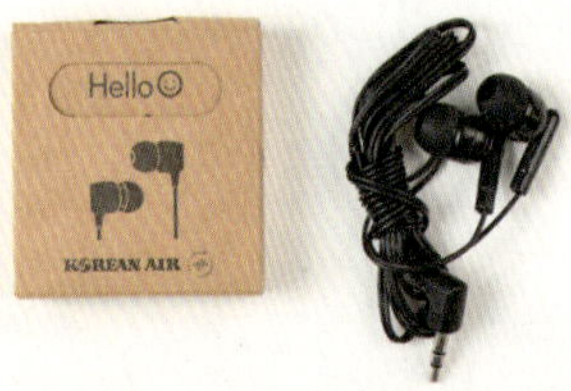

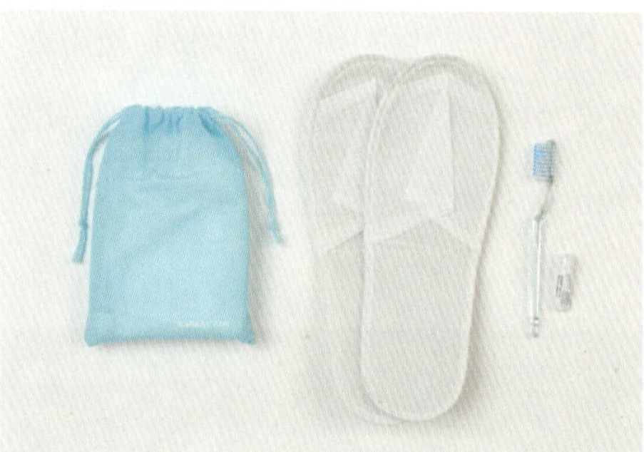

2) 유아용 요람 설치

24개월 미만의 좌석 미점유 승객의 경우 유아용 요람(Bassinet, BSCT)을 신청할 수 있다. 신청을 받으면, 비행 전 유아용 요람 사용 적절성 및 신청 여부를 확인한다. 이륙 후 좌석벨트 표시등이 꺼진 것을 확인한 후 담당 승무원은 다음 절차를 따라 유아용 요람을 설치한다.

① 설치 전 고정형 팔걸이 안쪽의 Retractable Monitor 사용 여부를 확인하고 사용을 원할 시 꺼내서 고정한다.

② 접혀 있는 유아용 요람을 펼쳐 2개의 철제 받침축을 세운 후, 고정 장치의 덮개를 들어 올려 고정핀을 Bulkhead 벽면의 구멍에 고정한다. 이때 벽면에 단단하게 부착되었는지 반드시 확인한다.

③ 안전하게 고정된 유아용 요람에 베개와 이불을 세팅한다.

④ 난기류가 발생하여 좌석벨트 표시등이 켜질 경우, 자녀의 안전을 위하여 유아용 요람에서 아기를 꺼내 안고 있어야 함을 안내한다.

Fadhli Adnan/Shutterstock.com

유아용 요람 설치 안내 시연 대화문

승무원: (좌석벨트 표시등 Off 확인) 실례합니다. 유아용 요람을 설치해 드려도 괜찮으시겠습니까? 설치 전 안전한 사용을 위해 자녀의 체중과 신장을 다시 확인하겠습니다.

(설치)

비행 중 좌석벨트 표시등이 켜지면 자녀의 안전을 위해 반드시 아이를 안아 주셔야 합니다. 필요하신 부분이 있으면 언제든지 연락 주십시오. 감사합니다.

승객: 네, 감사합니다.

더불어 유아 동반 및 갤리 주변 승객에게 이어플러그와 아이마스크를 제공하여 갤리 주변의 소음과 불빛으로 불편할 수 있음에 대해 미리 양해를 구하는 것이 좋다.

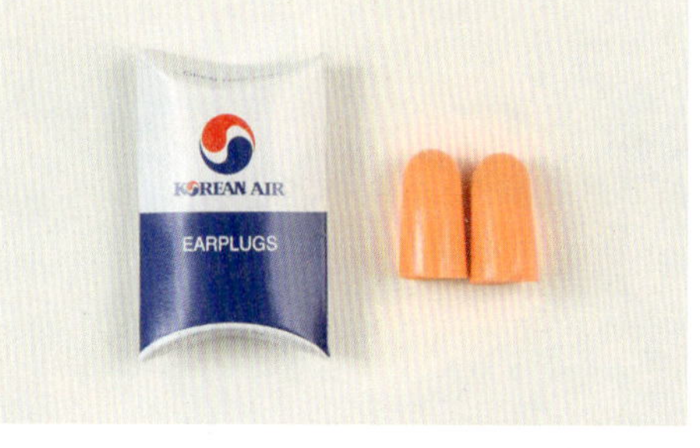

Q 유아용 요람의 제공 노선 및 이용 기준은 무엇일까요?

A ______________________________

05

갤리 브리핑

이륙 후 Aisle 담당 승무원들이 객실 서비스 업무를 수행하는 동안 Galley 담당 승무원은 앞치마를 착용하고 오븐에서 가열된 기내식 주요리(Entrée)를 Meal Cart 내 Tray에 세팅한다. 이어서 Meal Cart 상단에 기내 음료와 기내식 서비스 용품을 세팅한다. 그리고 Aisle 담당 승무원들은 앞서 살펴본 이륙 후 서비스를 마치고 앞치마를 착용하고 갤리 브리핑(Galley Briefing)에 참석한다.

갤리 브리핑은 기내 식음료를 제공하기 전에 구역별 갤리에서 서비스가 순조롭게 진행되도록 정보를 공유하고 서비스 계획을 세우는 것이다. 이때 갤리 브리핑은 Galley 담당 승무원이 주관하여 실시하며 그 내용은 다음과 같다.

• 탑승객 정보
• 특별 고객 정보(VIP, 특별 승객 등)
• 기내식의 종류 및 내용
• 탑재된 기내식 종류별 비율
• 서비스 진행 방법
• 기내 서비스 시 유의사항 및 특이사항

Galley 담당 승무원은 담당 Zone의 승객 수 및 특수 고객(VIP, 환자 승객, UM 등)에 대한 정보를 공유한다. 이때 비행 전·이륙 후 고객 응대 시 특이사항 정보(불만 표출 고객 등)도 전달되어야 한다.

SPML 주문 승객은 SHR 표기 좌석번호와 실제 착석 좌석번호의 일치 여부나 변동사항을 확인하여 일반 기내식보다 우선하여 서비스해야 함을 공유한다. 또한 기내식의 정보 및 탑재량과 관련된 아래와 같은 내용을 구체적으로 공유하여 Meal Service의 흐름이 원활하도록 한다.

• 갤리 브리핑 시트 내 기내식 정보를 바탕으로 실제 탑재된 기내식 구성물 확인
• 클래스별 Meal Cart 배정 대수 및 여분의 탑재 위치 공유
• Meal 서비스 진행 방향
• 기내식 서비스 시 유의사항 공유(서비스 중 난기류 발생 시 행동 지침, 뜨거운 국물류 제공 시 주의사항, 기내 음료 및 커피·차 제공 방법 등)

Let's Practice

갈리 브리핑 영상을 주의 깊게 시청하며 다음 대화문을 따라해 보세요.

실습영상1

갤리 브리핑 대화문

지금부터 ○ Zone 갤리 브리핑 시작하겠습니다.

오늘 승객은 ○○○으로 우리 Zone에는 ○○○이며, VIP 승객 ○분, SPML 요청 승객 ○분이십니다. VIP 승객은 ○○ 좌석이며, SPML은 ○○○○ 3개, ○○○○ 1개입니다.

SPML은 일반 기내식 우선하여 제공하고, Tray 하단에 부착된 SPML Tag과 좌석 위 SPML Tag을 바탕으로 요청 고객을 정확히 확인 후 제공해 주시기 바랍니다.

오늘 기내식으로는 ________, ___________, _________가 있습니다.

현재 ○대의 Meal Cart가 있습니다. 오늘은 한식 ________, 양식 ________, ________가 7 대 2 대 1 비율로 탑재되었으니 서비스 시 참고하십시오.

서비스 중 뜨거운 국물 및 음료 제공과 전달 시 각별히 주의하시기 바랍니다.

Let's Practice

부록(브리핑 시트)을 참조하여 갤리 브리핑 시트를 작성해 보세요.

GALLEY BRIEFING SHEET

■ MEAL LOADING STATUS

DESC.	NORMAL MEAL	SPECIAL MEAL	TOTAL
ZONE			

■ PASSENGER SERVICE STATUS

NO. of PAX	L SIDE		R SIDE		L SIDE		R SIDE	
SPML BBML								
VIP								
BSCT UM/FMLY WCHR								
KEEPING ITEM								
OTHERS								

■ SQUAWKS

ITEM(LOCATION)	DETAILS

■ IN-FLIGHT SERVICE FLOW

SNACK SVC TIME:			2ND MEAL SVC TIME:	LANDING TIME:
CREW REST PLAN	A	~	(TP/TA)	
	B	~	(TP/TA)	

Role Playing

다음 상황에서 어떻게 응대하거나 조치할지 작성해 보세요.

1. 난기류로 기내가 계속 흔들리는 상황에서 아기가 유아용 요람에 계속 누워 있는 경우 어떻게 해야 할까요?

2. 착륙 시점에 어린이용 헤드폰을 수거하는 중 고객이 헤드폰을 반납하지 않는 경우 어떻게 해야 할까요?

Role Playing

3. 좌석벨트 표시등이 꺼진 후 유아용 요람을 설치해 드리려고 합니다. 설치 전에 고객에게 확인해야 하는 사항과 전달해야 하는 내용을 바탕으로 '대화문'을 작성해 보세요. 그리고 작성한 대화문으로 실습해 보세요.

Chapter

2

기내 음료 서비스

비행기에 탑승하여 자리에 앉으면 승무원이 미소와 함께 건네주는 음료 한 잔이 여정의 시작을 알립니다. 이 작은 서비스는 마치 '환영합니다'라는 따뜻한 인사를 건네듯 여행자의 마음을 편안하게 해 줍니다. 하늘 위에서 만나는 다양한 음료는 여행의 새로운 경험을 더욱 특별하게 만들어 주며, 비행 내내 지속될 기분 좋은 서비스의 첫걸음이 되는데요. 최근 기내에서 제공되는 다양한 기내 음료에는 어떤 것이 있을까요? 지금부터 기내 음료 서비스에 대해 알아보겠습니다.

01

기내 음료

기내 환경은 고도가 높고 습도가 낮아 공기가 건조하기 때문에 항공기에 탑승한 승객과 승무원은 평소보다 수분 보충이 더 필요하다. 따라서 객실 승무원은 기내에서 제공되는 음료 서비스의 중요성을 인지하고 주기적으로 물이나 기타 음료를 제공하여 승객이 수분을 충분히 보충하도록 해야 한다. 마찬가지로 객실 승무원도 비행 시 지속적인 수분 보충을 통해 건강 관리를 해야 한다.

기내에서 제공되는 식음료는 서양식을 기본으로 하여 음식과의 조화를 중요시한다. 서양의 음료 문화에서는 식사의 순서에 따라 음료를 달리하여 식사와 음료를 조화롭게 제공한다. 식전에는 식욕을 돋우는 가벼운 음료를 마시고, 식사 중에는 음식의 풍미를 높이는 음료를 마시고, 식사 후에는 소화를 돕는 음료를 마신다. 일반적으로 음료는 알코올을 함유한 음료와 비알코올 음료로 구분된다.

이러한 음료는 나라별로 특색 있게 발전되었고, 마시는 습관도 다르게 형성되어 각각의 독특한 문화를 가지게 되었다.

기내에서 제공하는 여러 종류의 음료는 승객들에게 다양한 즐거움을 경험할 수 있도록 제공하는 서비스의 부분이 되기도 한다. 객실 승무원은 기내에서 제공되는 다양한 종류의 음료에 대해 전문적인 지식을 갖추고 서비스할 수 있어야 한다.

1) 알코올 음료

기내에서 서비스되는 음료는 알코올 함유에 따라 알코올 음료(Alcoholic Beverage)와 비알코올 음료(Non-alcoholic Beverage)로 나뉜다. 알코올 음료는 우리가 '술'이라 칭하는 모든 종류를 포괄한다. 정확히 음용이 가능한 에틸 알코올이 1% 이상 함유된 음료를 뜻한다. 기내에서 알코올 음료를 즐기는 승객들은 여행의 즐거움을 더하거나 장시간 비행에서의 숙면을 위해 알코올 음료를 찾는 경우가 많다.

또한 상위클래스에서 제공되는 수준 높은 와인 리스트 및 트렌드를 반영한 다양한 알코올 음료는 최고급 환대 서비스의 일환으로 항공사 기내 서비스 평가의 척도가 되기도 한다. 기내 알코올 음료는 제조법에 따라 다음 표와 같이 구분할 수 있다.

제조법에 따른 알코올 음료의 분류

구분	특징 및 종류
양조주 (Fermented Liquor)	곡물의 녹말이나 과일의 당분을 발효하여 여과한 술 • 와인(Wine): 포도를 발효하여 제조. 알코올 농도가 보통 8~14% • 맥주(Beer): 맥아와 홉을 함께 발효. 알코올 농도가 4~6% • 탁주(Takju): 찹쌀 · 멥쌀 · 보리 · 밀가루 등을 쪄서 누룩과 물을 섞어 발효하여 제조. 한국 전통의 탁한 술. 알코올 농도가 6~8% • 청주(Cheongju): 곡식 가루를 뭉쳐 곰팡이와 효모를 번식시킨 누룩으로 쌀을 당화 발효하여 제조. 탁주에서 맑은 부분만 떠낸 맑은 술. 알코올 농도 약 15%
증류주 (Distilled Liquor/Sprits)	양조주를 증류하여 알코올 농도를 진하게 만든 술 • 위스키(Whisky): 물, 곡물, 효모, 이탄을 원료로, 몰팅, 매싱, 발효, 증류, 숙성, 병입의 여섯 단계를 거쳐 제조. 알코올 농도 40~64% • 브랜디(Brandy): 포도주와 같은 과일 발효주를 원료로, 발효, 증류, 숙성, 혼합 및 병입의 네 단계를 거쳐 제조. 알코올 농도 35~60% • 진(Gin): 보리, 밀, 호밀, 옥수수 등을 발효하여 증류할 때 주니퍼 베리와 다양한 허브, 향신료를 첨가하여 제조. 알코올 농도 35~60% • 보드카(Vodka): 곡물이나 감자를 원료로, 발효, 증류, 여과, 저장의 네 단계를 거쳐 제조. 알코올 농도 40% 이상 • 럼(Rum): 사탕수수 부산물인 당밀이나 사탕수수 주스를 원료로, 추출, 발효, 증류 및 착색, 저장의 네 단계를 거쳐 제조. 알코올 농도 40% 이상
혼성주 (Compounded Liquor)	증류주에 다른 종류의 술을 혼합하거나 약초 식물 뿌리, 열매 과즙, 색소, 향, 꿀, 설탕 등을 첨가하여 만든 술. 알코올 농도 20~40%

(1) 양조주

양조주(Fermented Liquor)는 가장 오래전부터 인간이 마셔 온 술이다. 과일이나 곡물 등의 당분을 효모균으로 발효하여 만든 음료로 '발효주'라고도 한다. 알코올 발효는 효모가 당을 섭취하여 알코올과 이산화탄소, 물로 분해하는 것이다.

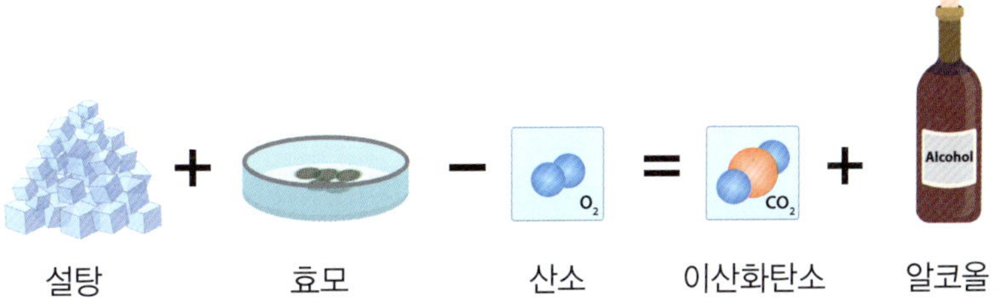

자연적인 발효를 통해 만들어지는 양조주는 도수가 낮은 편(1~18%)으로 식사와 함께 즐기는 경우가 많으며, 여러 항공사에서 기내식과 어울리는 양조주를 선택하여 기내 음료로 제공하고 있다.

포도를 발효하여 만든 와인, 보리를 발효하여 만든 맥주, 찹쌀·멥쌀·보리·밀가루 등을 쪄서 누룩과 물을 섞어 발효한 탁주(막걸리), 곡식 가루를 뭉쳐 곰팡이와 효모를 번식시킨 누룩으로 쌀을 당화 발효하여 만든 청주 등이 대표적인 양조주에 속한다.

1 와인(Wine)

와인의 어원이 된 라틴어의 '비넘(Vinum)'이란 단어는 '포도나무'로부터 만든 술이라는 의미가 있다. 세계 여러 나라에서 와인을 일컫는 말로는 이탈리아의 비노(Vino), 독일의 바인(Wein), 프랑스의 뱅(Vin), 미국과 영국의 와인(Wine) 등이 있다.

넓은 의미에서 와인은 과실을 발효하여 만든 알코올 함유 음료를 말하지만, 일반적으로는 신선한 천연 과일인 포도만을 원료로 발효하여 만든 포도주를 의미한다. 즉 와인은 다른 알코올 음료와 달리 제조 과정에서 물이 첨가되지 않는다.

와인의 맛은 와인의 원료인 포도가 자란 지역의 토질, 기온, 강수량, 일조시간 등 자연적인 조건과 인위적인 조건인 포도 재배 방법, 양조 방법에 따라 달라진다. 따라서 나라마다, 지방마다 와인의 맛과 향이 다르다. 이러한 이유로 항공사마다 전문적인 소믈리에가 추천하는 와인 컬렉션을 선정하고 특별한 와인 서비스를 제공한다.

기내에서 와인은 일반적으로 식사에 곁들이는 술인 식중주로 전 클래스에서 서비스된다. 알코올 도수가 보통 8~14% 정도로 낮은 편이며, 기내식과 어우러져 식욕을 높이고 소화를 돕는 알칼리 음료이며, 항공사 기내식 평가에 영향을 미치기도 한다. 이에 객실 승무원은 소믈리에 역할을 하며 와인에 관한 전문 지식을 습득하고 정중하고 품격 있는 와인 서비스를 제공할 수 있어야 한다.

와인의 분류

와인은 색, 당도, 생산지, 제조법에 따라 다음과 같이 분류할 수 있다. 먼저 색에 따라서는 레드 와인과 화이트 와인, 로제 와인으로 나뉘는데, 와인의 색은 포도 품종이나 생산 방법에 의해 결정된다. 레드 와인이 화이트 와인보다 알코올 함량이 약간 더 많다.

- 레드 와인(Red Wine): 붉은 포도의 껍질과 함께 발효해서 색소가 와인에 배어들도록 만든 와인이다. 주로 진한 붉은색을 띠며 깊은 맛을 가진다.
- 화이트 와인(White Wine): 포도의 껍질을 제거해 만들어서 노란색, 연두색, 아이보리색 등 밝은색을 띠며 상쾌하고 가벼운 맛이 특징이다. 주로 청포도 품종이 사용된다.
- 로제 와인(Rosé Wine): 붉은 포도를 짧은 시간 동안만 발효시켜 은은한 분홍빛이 나게 하거나 레드 와인과 화이트 와인을 블렌딩하여 두 와인의 비율에 따라 진한 붉은색으로도 만들 수 있는 와인이다. 레드 와인보다 가볍고 화사한 맛을 즐길 수 있다.

와인의 맛, 특히 당도로 분류할 때는 와인에 들어 있는 당분의 양이 기준이 된다. 당분이 리터당 10g 미만이라면 드라이 와인, 18g 이상이면 스위트 와인으로 분류되며, 그 중간에 세미드라이 와인과 세미스위트 와인이 있다.

- 드라이 와인(Dry Wine): 발효 과정에서 포도에 들어 있는 당분을 거의 다 알코올로 바꿔서 단맛이 거의 없는 와인이다. 흔히 보는 레드 와인이 거의 드라이 와인에 속하며, 깔끔하고 산뜻한 맛이 특징이다.

• 스위트 와인(Sweet Wine): 발효를 중단시켜 당분이 적절히 남아 있어 달콤한 맛을 느낄 수 있는 와인이다. 화이트 와인 대부분이 스위트 와인이며, 부드럽고 달달한 맛을 좋아하는 사람들에게 인기가 많다.

와인의 주재료인 포도는 여름이 덥고 건조하며 겨울은 춥지 않은 지중해성 기후에서 주로 생산된다. 적포도는 햇볕이 강렬하게 내리쬐는 기후에서, 청포도는 약간 서늘한 기후에서 잘 자라는 품종이다. 이런 기후 및 토양 조건을 두루 갖춘 곳은 프랑스이며, 이외에도 이탈리아와 미국, 칠레, 남아프리카 공화국 등이 와인의 주요 생산국이다. 와인을 생산하는 특정 지역이나 포도 품종을 따라 와인 이름을 짓는 경우가 많다.

• 프랑스 와인: 보르도(Bordeaux), 부르고뉴(Burgundy), 샹파뉴(Champagne) 등이 세계적으로 유명한 와인이 생산되는 곳이다. 고급 와인 산지로 유명하다.
• 미국 와인: 캘리포니아 와인(California Wine)이 대표적이며, 풍부한 햇빛 덕분에 강렬한 맛과 향을 가진 와인이 많다.
• 이탈리아 와인: 키안티 와인(Chianti Wine)으로 잘 알려져 있으며, 유럽 특유의 고풍스러운 맛과 향을 느낄 수 있다.
• 독일 와인: 라인(Rhine) 와인과 모젤(Mosel) 와인이 유명하며, 주로 상쾌하고 가벼운 맛이 특징이다.
• 스페인 및 포르투갈 와인: 강화 와인인 셰리 와인(Sherry Wine)과 포트 와인(Port Wine)이 유명하다. 셰리 와인은 발효 과정에서 생기는 이산화탄소를 제거하여 만들며 주로 독특한 향과 맛을 지닌다. 포트 와인은 주로 포르투갈에서 생산되며 달콤하고 깊은 맛이 특징이다.

와인은 발효 과정상의 차이에 의해 발포성 와인과 비발포성 와인으로 나누고, 제조 과정상의 첨가물에 따라 강화 와인과 방향 와인으로 나눈다

• 비발포성 와인/스틸 와인(Table Wine/Still Wine): 발효 과정에서 발생하는 이산화탄소가 제거된 일반적인 와인이다. 주로 식사와 함께 즐기는 와인으

로 알려져 있다.

- 발포성 와인/스파클링 와인(Sparkling Wine): 발효 과정에서 발생한 이산화탄소를 그대로 와인에 유지시킨 와인이다. 샴페인(Champagne)이 대표적인 예이다.
- 강화 와인(Fortified Wine): 와인 제조 과정에서 브랜디 등 알코올을 첨가하여 알코올 도수를 높인 와인이다. 셰리 와인과 포트 와인이 이에 속한다.
- 방향 와인/아로마타이즈드 와인(Aromatized Wine): 독특한 향신료나 약초, 당을 첨가해 향미를 강조한 와인이다. 프랑스의 드라이 베르무트(Dry Vermouth)와 이탈리아의 스위트 베르무트(Sweet Vermouth)가 이에 해당한다.

와인 라벨의 이해

와인의 라벨에는 포도 품종, 포도 수확 연도(Vintage), 생산지, 소유자, 와인 등급, 알코올 도수, 용량 등 와인에 대한 다양한 정보가 표기된다. 객실 승무원은 와인의 라벨을 보고 그 와인에 대한 이해와 기본 풍미에 대한 파악이 가능하도록 학습해야 한다.

Irik Bik/Shutterstock.com

와인의 칠링(Chilling)과 브리딩(Breathing)

와인은 고유의 맛과 향을 최상의 상태로 즐길 수 있도록 각각의 특성에 따라 적정 온도에 맞게 칠링 및 브리딩이 필요하다.

와인의 적정 온도와 브리딩 시간

구분	레드 와인(Red Wine)	화이트 와인(White Wine) (로제, 보졸레 누보 포함)
온도	15~20도	6~12도
브리딩 시간	30분 정도	10~30분 정도

화이트 와인, 로제 와인, 보졸레 누보, 셰리 와인 등은 차게 해서 마신다. 칠링 시 얼음을 이용하되, 비닐팩이나 랩으로 감싸 라벨이 손상되지 않도록 주의한다. 레드 와인은 온도가 높을 경우 와인의 향이 둔해지므로 실내 온도를 적정하게 유지한다.

브리딩은 와인을 마시기 전에 미리 코르크를 제거해서 일정 시간 동안 와인이 숨을 쉬게 하는 것이다. 이는 오랜 기간 동안 숙성되면서 만들어진 병 속의 이상한 맛과 거품이 공기와 접촉하여 순화되고 부드러워지게 하기 위한 것이다.

와인의 보관

공기와 접촉한 와인은 산화하여 부패하게 된다. 이러한 이유로 와인병을 눕혀 보관함으로써 코르크가 마르지 않고 촉촉한 채로 유지되어 외부의 공기가 병 속에

유입되지 않도록 한다. 또한 빛, 고온, 진동 역시 와인의 산화를 촉진하므로 보관 시 유의한다.

Q 보졸레 누보 와인은 언제, 어떤 품종으로, 어느 나라에서 만들었을까요?

A ______

2 맥주(Beer)

맥주의 어원은 '마신다'는 의미의 라틴어 'Bibere'(비베레)에서 유래했으며 기원 전 4000년경, 메소포타미아 고대 문명의 수메르인들에 의해 탄생한 것으로 알려져 있다.

맥주는 맥아(Malt, 싹이 튼 보리를 가리키며 보리의 발아 과정을 말함)와 홉(Hop)을 함께 발효한 양조주로 영양분이 많고 알코올 농도가 4~6% 정도로 낮다. 탄수화물 등 영양분을 함유하며 탄산가스의 청량감과 부드러운 거품, 신선한 맛 등으로 대중적으로 선호된다.

일반적으로 청량감을 즐길 수 있도록 차게 마시는 것이 좋으나, 지나치게 차가우면 맛을 제대로 느낄 수 없고, 온도가 매우 높으면 맥주 내 탄산가스가 증발하여 거품이 많이 생기므로 풍미를 만끽하려면 적당히 차게 마시는 것이 좋다. 계절에 따라 여름에는 7도, 겨울에는 10도 정도가 적당하고, 기내에서는 6~8도로 차갑게 준비하여 서비스한다. 맥주의 거품은 탄산가스의 유출을 방지하고 신선함을 유지하므로 거품과 함께 맥주를 마시는 것이 좋다.

국내 항공사 기내 서비스 제공 맥주

기내에는 제공의 편의성 및 보관의 용이성을 위해 캔 맥주 형태로 탑재된다. 항

tab62/Shutterstock.com

Steve Cukrow/Shutterstock.com

Mehaniq/Shutterstock.com

anythings/Shutterstock.com

공사에 따라 탑재되는 맥주의 종류는 고객 수요 및 항공사 서비스 정책에 따라 다양하다. 주로 한국에서 출발할 경우 국산 맥주가 탑재되고, 현지에서 탑재될 경우 현지 맥주가 탑재된다. 맥주는 직사광선에 노출될 경우 맥주의 풍미와 향이 변질될 수 있으므로 직사광선과 고온을 피하고 서늘하고 어두운 곳에 보관해야 한다.

3 탁주(濁酒, Takju)

탁주는 쌀, 밀 등의 곡물을 발효하여 만든 한국 전통의 탁한 술이다. 탁주의 한 종류로 '방금 막 거른 술'이라 하여 막걸리(Makgeolli)라고도 한다. 막걸리는 쌀을 발효하여 만든 저알코올 발효주로 알코올 함량은 보통 6~8%이며 특유의 은은한 단맛과 부드러운 질감, 쌀의 풍미가 특징이다.

막걸리는 차게 해서 마시는 것이 좋으며 흔들어서 균일한 맛을 즐길 수 있도록 한다. 전통적으로 작은 사발이나 컵에 따라 마신다. 막걸리는 발효가 계속 진행되므로 냉장 보관이 필수이나 1990년대 후반부터 휴대와 보관이 용이하도록 병이나 캔 제품이 출시되고 있다.

한국을 대표하는 전통주로, 국내외 승객들에게 한국의 문화와 전통을 알리기 위해 항공사 기내 음료로 서비스되거나 항공사 라운지에서 제공되기도 한다.

4 청주(淸酒, Cheongju)

청주는 한국의 전통 양조주로, 맑고 투명한 술이다. 역사적으로 쌀과 누룩을 발효하여 만들며, 탁주(막걸리)에서 맑은 부분만 떠낸 것이다. 알코올 도수가 약

15%이며, 일본의 사케와 유사하지만 한국 고유의 발효 방식과 맛을 지닌다. 청주와 유사한 의미로 약주, 정종 등을 사용하는데, 약주는 청주와 비슷하지만 약재나 특수 재료를 첨가하여 만든 술을 말한다. 건강에 좋다고 여겨져 주로 의례나 제사에 사용된다. 정종은 원래 일본 사케 브랜드이지만, 한국에서는 청주와 약주를 비롯하여 맑은 술을 가리킬 때 사용된다.

국내 항공사의 경우 한일 노선에서 과실이 포함된 청주를 상위클래스 기내 음료로 제공하며, 일부 해외 항공사에서는 국제적으로 품질을 인정받은 고급 사케를 서비스하기도 한다.

Samuel Ponce/Shutterstock.com

(2) 증류주

증류주(Distilled Liquor/Sprits)는 양조주를 증류하여 만든 술이다. 증류란 물과 알코올의 끓는점 차이를 이용하여 알코올을 분리하는 과정이다. 물은 100°C에서 끓고 알코올은 78°C에서 끓기 때문에 먼저 끓는 알코올이 증발하는데, 증발한 이 알코올 기체를 모아 냉각시키면 다시 액체로 변하여 고농도의 알코올 성분을 얻게 된다.

자세한 증류 과정은 다음과 같다. 우선 양조주를 큰 통에 넣고 끓이기 시작한다. 이때 알코올은 78°C에서 먼저 증발하여 기체로 변한다. 증발한 알코올 기체를 모아 냉각 튜브를 통해 차갑게 식히면, 다시 액체로 변하여 고농도의 알코올이 생긴다.

증류주는 이러한 과정을 통해 만들어지며, 알코올 도수가 보통 40~80%로 대체로 높은 것이 특징이다. 대표적인 증류주로는 위스키(Whisky), 보드카

(Vodka), 브랜디(Brandy), 진(Gin), 럼(Rum), 중국의 고량주 등이 있다.

1 위스키(Whisky, Whiskey)

위스키는 '생명의 물'이란 뜻을 가진 고대 켈트어에서 유래했으며 약 15세기경 아일랜드와 스코틀랜드에서 시작되었다. 초기에는 수도사들이 의약용으로 증류 기술을 이용하여 만들던 것이 시간이 지나면서 오늘날의 위스키로 발전하였다.

최초로 위스키를 탄생시킨 아일랜드와 세계적인 위스키 생산국이 된 스코틀랜드는 서로가 위스키의 원조국이라고 주장하고 있다. 이에 따라 위스키의 공식 영문 명칭은 크게 두 가지로 사용되는데 'Whisky'는 주로 스코틀랜드, 캐나다, 일본에서 생산된 술을 지칭할 때 사용되고, 'Whiskey'는 주로 아일랜드와 미국에서 생산된 술을 지칭할 때 사용된다.

위스키의 제조 원료는 크게 물, 곡물, 효모, 이탄 네 가지로 구성된다. 품질 좋은 물은 위스키의 맛과 향에 큰 영향을 미치며, 주로 깨끗하고 불순물이 없는 자연수가 사용된다. 위스키는 주로 보리를 포함한 다양한 곡물을 발효하여 만드는데, 곡물의 종류와 비율에 따라 맛과 특성이 달라진다. 발효 과정에서 당을 알코올과 이산화탄소로 변환하는 효모는 위스키의 맛과 향을 결정짓는 중대 요소이

다. 특히 스코틀랜드 위스키 제조에서 사용되는 이탄은 몰트를 건조하는 과정에서 사용되며, 독특한 스모키 향을 부여하여 위스키 특유의 풍미를 만들어 낸다.

EWY Media/Shutterstock.com

위스키의 제조 과정

위스키는 총 여섯 단계를 거쳐 제조된다.

① 먼저 곡물, 주로 보리를 물에 담가 발아시킨 후 건조하여 맥아를 만든다(몰팅, Malting).

② 이를 분쇄하여 뜨거운 물과 섞어 당화 과정을 거쳐 당분을 추출한다(매싱, Mashing).

③ 이 액체에 효모를 첨가한 후 발효하여 알코올과 이산화탄소로 변환된 발효주를 만든다(발효, Fermentation).

④ 발효된 액체를 증류기에서 두 번 증류하여 높은 알코올 농도의 증류주를 얻는다(증류, Distillation),

⑤ 이 증류주를 오크통에 넣어 여러 해 동안 숙성시킨다(숙성, Aging). 이 과정에서 오크통의 성분이 스며들어 색상과 풍미가 향상된다.

⑥ 숙성된 위스키에 여과한 후 물을 첨가하여 알코올 도수를 40~64% 정도로 낮춘 후 병에 담아 완성한다(병입, Bottling).

위스키의 분류

기내에 탑재되는 위스키는 항공사마다 다르지만 대표적인 종류를 다음 표에 정리했다.

위스키의 종류

조니 워커(Johnnie Walker)
스코틀랜드 블렌디드 위스키로, 다양한 등급(레드 라벨, 블랙 라벨 등)이 있다.

Tricky_Shark/Shutterstock.com

시바스 리갈(Chivas Regal)
스코틀랜드 블렌디드 위스키로, 부드럽고 풍부한 맛을 제공하는 고급 브랜드이다.

Irik Bik/Shutterstock.com

글렌피딕(Glenfiddich)
스코틀랜드 싱글 몰트 위스키로, 다양한 연산(12년, 18년 등)이 있다.

Irik Bik/Shutterstock.com

제임슨(Jameson)
아일랜드의 대표적인 블렌디드 위스키로, 맛이 부드럽고 달콤하다.

Irik Bik/Shutterstock.com

잭 다니엘스(Jack Daniel's)
아메리칸 위스키(미국 테네시)로, 부드러운 맛과 독특한 캐릭터로 유명하다.

Dmitry Melnikov/Shutterstock.com

크라운 로얄(Crown Royal)
캐나다의 대표적인 블렌디드 위스키로, 부드럽고 달콤한 맛이 특징이다.

JossK/Shutterstock.com

이외에 발렌타인(Ballantine's)이 있다. 이 위스키는 스코틀랜드 블렌디드 위스키로, 풍부한 맛과 부드러운 마무리가 특징이다.

Stanimir G.Stoev/Shutterstock.com

2 브랜디(Brandy)

브랜디의 어원은 네덜란드어 'Brandwijn'인데, 이 단어는 'Brand'(불에 태우다)와 'Wijn'(와인)의 합성어로 증류 과정을 거친 와인이라는 뜻에서 유래했다. 포도주와 같은 과일 발효주를 증류하여 만든 고알코올 도수의 술로, 알코올 함량이 보통 35%에서 60%이다. 이 술은 오크통에서 몇 년 동안 숙성되어 풍부한 향과 부드러운 맛을 내는데, 이는 증류 과정과 숙성 환경에 크게 좌우된다.

또한 브랜디는 생산지에 따라 코냑, 아르마냑 등으로 불리며, 각 지역의 독특한 생산 방식과 규정에 따라 풍미가 다양하다. 주로 식사 후 즐기는 식후주로 애용되며, 특유의 향이 머물 수 있도록 볼이 크고 잔의 입구가 좁은 잔(Brandy Snifter)에 소량을 담아 상온에서 마신다.

monticello/Shutterstock.com

브랜디의 제조 과정

브랜디의 제조 과정은 크게 네 단계로 나눌 수 있다.

① 포도나 다른 과일을 발효하여 알코올이 함유된 발효주를 만든다(발효, Fermentation).

② 발효주를 증류하여 알코올 함량을 높인다(증류, Distillation). 이 과정에서 보통 두 번의 증류를 거쳐 알코올 농도가 높은 증류주를 얻는다.

③ 증류주를 오크통에 넣어 몇 년 동안 숙성시킨다(숙성, Aging). 이 과정에서 오크통의 성분이 술에 스며들어 풍미와 색상이 향상된다.

④ 숙성된 여러 브랜디를 혼합하여 일관된 맛을 만들고, 이를 여과한 후 병에

담아 최종 제품으로 완성한다(혼합 및 병입, Blending and Bottling).

브랜디의 분류

브랜디는 제조 원료나 생산지에 따라 구분할 수 있다. 제조 원료에 따라 포도 브랜디(Grape Brandy)가 가장 일반적이며, 사과 브랜디(Apple Brandy), 체리 브랜드(Cherry Brandy), 살구 브랜디(Apricot Brandy) 등으로 분류할 수 있다.

생산지에 따라서는 크게 코냑(Cognac), 아르마냑(Armagnac), 칼바도스(Calvados)로 분류할 수 있다. 코냑은 프랑스의 코냑 지역에서 생산되며, 이 지역에서 생산되는 브랜디만을 코냑이라고 한다. 대표적인 브랜드로는 헤네시(Hennessy), 까뮈(Camus), 레미 마틴(Rémy Martin) 등이 있다. 과일 향과 꽃향기가 강한 특징이 있다.

아르마냑은 프랑스 남동부 지역에서 연속 증류기를 사용하여 생산된 브랜디를 말하며 샤보(Chabot) 브랜드가 유명하다. 이 브랜디는 다양한 포도 품종을 사용하고, 더 오래 숙성되어 복합적인 풍미와 강한 맛(보통 말린 과일 풍미)이 특징이다.

AlexDonin/Shutterstock.com

Aleksei Isachenko/Shutterstock.com

verbaska/Shutterstock.com

Irik Bik/Shutterstock.com

MDV Edwards/Shutterstock.com

칼바도스는 노르망디 지역에서 사과나 배를 발효 및 증류하여 만든 브랜디로 부숑(Boulard), 레콤트(Lecompte) 같은 브랜드가 있다. 칼바도스는 오크통에서 최소 2년 이상 숙성되며, 신선한 사과 향과 부드럽고 상큼한 맛이 특징이다.

브랜디의 숙성 연도와 코냑의 등급

브랜디는 일반적으로 오크통에서 최소 2년에서 50년 이상까지 숙성될 수 있으며, 숙성 기간에 따라 풍미와 복합성이 달라진다. 특히 코냑은 프랑스 정부의 엄격한 규정을 준수해야 하며, 숙성 기간에 따라 다음과 같은 등급으로 나뉜다.

- V.S.(Very Special): 최소 2년간 숙성된 코냑
- V.S.O.P.(Very Superior Old Pale): 최소 4년간 숙성된 코냑
- X.O.(Extra Old): 최소 10년간 숙성된 코냑

이외에 고급 브랜드 일부는 X.O. 등급보다 더 오랜 숙성 기간을 거친 코냑을 출시한다. 이러한 등급 체계로 소비자들은 코냑의 품질을 쉽게 판단할 수 있다.

3 보드카(Vodka)

보드카는 무색, 무취, 무미로 곡물이나 감자를 원료로 하여 만든 고알코올 증류주로, 어원은 '작은 물'을 의미하는 폴란드어 'Wódka'에서 유래했다.

Evgeniyqw/Shutterstock.com

AtlasStudio/Shutterstock.com

보드카의 제조 과정

보드카는 다음과 같은 네 가지 단계를 거쳐 제조된다.

① 원료를 '발효'하여 알코올을 만든다.

② 발효주를 여러 번 '증류'하여 높은 알코올 농도를 얻는다.

③ 그 후 증류 과정에서 향과 색깔을 흡착하는 성질을 지닌 목탄으로 불순물을 최대한 제거하여 '여과'된 깨끗한 맛을 유지한다.

④ 정제된 알코올에 물을 섞어 알코올 함량을 조절하고 '저장'한다. 일반적으로 알코올 함량은 40% 이상이며, 특유의 깔끔하고 맑은 맛이 특징이다.

보드카의 분류

보드카는 크게 두 가지로 분류되는데, 첫째는 러시아식 보드카로, 전통적인 제조 방식을 따르며 특유의 깊고 강한 맛을 자랑한다. 둘째는 폴란드식 보드카로, 다양한 향료와 감미료를 첨가하여 독특한 풍미를 낸다. 최근에는 과일, 허브, 향신료 등을 첨가한 플레이버드 보드카(Flavored Vodka)도 인기를 끌고 있다.

보드카는 다양한 종류와 제조 과정을 통해 전 세계적으로 널리 사랑받고 있으며, 칵테일의 기본 재료로도 자주 사용된다. 깔끔한 맛 덕분에 다양한 음료와 잘 어울리며, 특히 마티니와 같은 클래식 칵테일에서 중요한 역할을 한다. 전통적으로 캐비아와 함께 제공되는데, 이는 상위클래스의 기내식 경험을 완성하는 요소로 여겨진다. 캐비아의 짭짤한 맛과 보드카의 깨끗한 맛이 완벽한 조화를 이루어 미각을 돋운다.

4 럼(Rum)

럼은 사탕수수 부산물인 당밀이나 사탕수수 주스를 원료로 하여 만든 고알코올 증류주이다. 어원은 '소동' 또는 '소란'을 의미하는 영어 'Rumbullion'에서 유래했다. 제조 원료로는 주로 사탕수수 부산물인 당밀과 사탕수수 주스가 사용된다.

럼의 제조 과정

럼은 다음과 같이 네 가지 단계를 거쳐 제조된다.

① 사탕수수를 압착하여 당밀 성분을 '추출'한다.
② 추출된 당밀을 '발효'하는데, 이 과정에서 발효 성분을 돕는 특정 성분(Dunder, 사탕수수를 발효한 후 남은 액체)을 첨가하여 럼 특유의 향을 내게 한다.
③ 발효된 액체를 '증류하고 착색'하는 과정이다. 증류기를 사용하여 알코올 농도를 높이고, 설탕을 태워 만든 캐러멜로 색을 입힌다.
④ 럼을 오크통에 '저장'하여 숙성시키는 과정이다. 이 과정에서 럼은 오크통의 성분을 흡수하여 더욱 깊고 복합적인 맛을 얻는다.

럼의 분류

일반적으로 알코올 함량은 40% 이상이며, 특유의 달콤하고 풍부한 맛이 특징이다. 럼은 크게 두 가지로 분류된다. 첫째 라이트 럼(Light Rum)은 짧은 숙성 기

Dmitry Melnikov/Shutterstock.com

Art_rich/Shutterstock.com

간을 거치며 깔끔하고 부드러운 맛을 자랑한다. 둘째 다크 럼(Dark Rum)은 긴 숙성 기간을 거쳐 깊고 복합적인 풍미를 지닌다. 최근에는 다양한 향료와 감미료를 첨가한 스파이스드 럼(Spiced Rum)도 인기를 끌고 있다.

럼은 다양한 종류와 제조 과정을 통해 전 세계적으로 널리 사랑받고 있으며, 기내에서는 클래식 칵테일(럼 앤 콕, 모히토, 마이타이 등)의 베이스로 사용된다.

5 진(Gin)

진은 주니퍼 베리(Juniper Berry)를 주된 향료로 사용하는 증류주로 그 어원은 네덜란드어 'Jenever'에서 유래했다. 주니퍼 베리 외에 다양한 허브와 향신료가 첨가(혼성주의 특징도 지님)되어 독특한 풍미를 자아낸다.

제조 원료로는 주로 보리, 밀, 호밀, 옥수수 등이 사용되며, 이 원료들을 발효하여 알코올을 만든 후 증류 과정을 거친다. 증류된 알코올에 주니퍼 베리와 기타 식물성 재료를 첨가하여 다시 증류하거나 침출시키는 과정을 통해 완성된다.

진은 크게 네 가지로 분류된다.

- 네덜란드의 제네버(Genever)는 원래 약용으로 사용되었다.
- 영국에서 발전한 드라이 진(Dry Gin)은 가장 대중적이다.
- 런던 드라이 진(London Dry Gin)은 감미료나 색소를 첨가하지 않은 진이다.

Elena Gordeichik/Shutterstock.com

- 프리미엄 진(Premium Gin)은 복잡한 향신료와 식물성 재료를 첨가하여 향미가 풍부하다.

이러한 다양한 분류와 제조 과정을 통해 진은 각기 다른 맛과 향을 내며, 전 세계적으로 사랑받고 있다. 진은 칵테일의 기본 재료로 널리 사용되며, 독특한 풍미로 많은 애호가를 보유하고 있다. 기내에서는 주로 칵테일 베이스(예: Gin Tonic, Martini, Tom Collins 등)로 사용된다.

(3) 혼성주

혼성주(Compounded Liquor)는 다양한 증류주(예: 럼, 보드카, 브랜디 등)에 허브, 과일, 향신료, 꽃, 뿌리 등을 첨가하여 만든 술을 지칭하는 포괄적인 용어이다. 리큐르(Liqueur) 역시 동일한 의미로 사용된다. 영어권에서는 코디얼(Cordial) 등의 용어가 주로 사용된다.

제조 과정에서 증류주에 여러 재료를 첨가하여 다시 증류하거나 숙성시켜 복합적인 풍미가 형성된다. 알코올 도수는 보통 20~40%로 높은 편이며, 기본 증류주와 첨가 재료에 따른 소화 촉진 효과 등이 있어 주로 식사 후 즐기는 식후주로 제공된다. 또한 색과 향이 다양하여 칵테일의 기초 재료로 사용되고, 디저트나 요리에 독특한 맛을 더하기 위해 첨가되기도 한다.

대표적인 혼성주로는 드라이 베르무트(Dry Vermouth)와 스위트 베르무트(Sweet Vermouth)가 있으며 증류주를 베이스로 한 다양한 리큐어가 혼성주로 많이 사용된다. 그 밖에 다음과 같은 종류가 있다.

1 캄파리(Campari)

이탈리아에서 약용을 목적으로 쓴맛이 나는 음료를 기본으로 하여 만든 알코올 음료이며 60가지 허브와 향신료, 약초 뿌리, Bitter 오렌지 껍질, 나무껍질을 혼합한 후 숙성하여 만든다. 이때 붉은색 색소를 첨가한다. 알코올 함량은 약 25% 정도이며 Bitter 특유의 쓴맛이 특징이며 식전주로 주로 쓰인다.

2 크렘 드 망트(Crème de Menthe)

크렘 드 망트는 증류주에 박하(Menthe) 잎과 설탕을 첨가하여 만든 혼성주이며 알코올 함량은 약 24% 정도로 무색 혹은 녹색이다. 강한 민트 향과 강한 단맛이 특징으로 주로 소화를 돕거나 입가심을 위한 식후주로 애용된다.

3 베일리스(Baileys)

베일리스는 위스키로 유명한 아일랜드에서 위스키에 우유나 크림을 곁들어 마시는 풍습에서 유래했다. 베일리스는 위스키와 크림을 혼합한 최초의 크림 혼성주이며 알코올 함량은 약 17% 정도이다. 아이리시 위스키의 향과 크림, 초콜릿의 단맛 등이 조화를 이루어 세계적으로 인기 있는 혼성주 중의 하나이다. 주로 식후주로 즐기며 작은 리큐어 잔을 이용하여 스트레이트로 마시거나 얼음과 함께 마시기도 한다. 커피에 넣어 아이리시 커피로 즐기기도 한다.

4 크렘 드 카시스(Crème de Cassis)

크렘 드 카시스는 증류주에 검은 건포도(블랙 커런트)와 설탕을 넣어 숙성하고 여과하여 만든 혼성주로 알코올 함량은 약 15% 정도이다. 베리 향과 신맛이 특징으로 디저트 리큐어로도 인기가 많다.

5 쿠앵트로(Cointreau)

쿠앵트로는 비터 오렌지와 스위트 오렌지를 배합하여 만든 혼성주로 알코올 함량은 약 40% 정도이며 무색이다. 오렌지 향과 단맛이 특징이며 세계에서 가장 유명한 혼성주 중의 하나로 오렌지 향이 들어가는 제빵제과의 고급 재로로 널리 이용된다(예: 마들렌 등). 칵테일의 부재료로 많이 쓰이며 특유의 향을 즐기기 위해 스트레이트로 즐기거나 얼음과 함께 마시기도 한다.

Tips 술의 농도 표시

술에 알코올이 얼마나 들어 있는지를 나타내는 술의 농도는 나라마다 표시하는 방법이 다르지만, 일반적으로 사용되는 몇 가지 단위는 다음과 같다. 알코올 음료의 도수를 문의하는 승객들에게 정확한 정보를 제공하도록 알코올 단위를 숙지하도록 하자.

- 도(度): 알코올 도수는 우리나라에서 알코올 음료의 강도를 나타내는 말이다. %와 의미가 같으며, 가령 20도는 20% 알코올 농도를 의미한다.
- %: 알코올 농도를 백분율로 나타낸 단위이다. 즉 전체 용액 중 알코올이 차지하는 비율이다. 가령 20% 알코올은 용액 100ml 중 20ml가 알코올임을 나타낸다.
- PROOF: 주로 미국에서 사용하는 단위이며 알코올 도수의 약 두 배에 해당한다. 가령 20% 알코올은 40프루프이다.

Q 왜 비행기에서 술을 마시면 지상에서 마실 때보다 더 빨리 취할까요?

A ______________________________

6 칵테일(Cocktail)

칵테일은 혼성주의 일종이나 18세기 후반에서 19세기 초에 음료의 독창성과 미학적 요소를 발전시킨 음료이다. 두 가지 이상의 재료를 혼합하여 만든 음료로, 보통 알코올 음료와 다양한 첨가물이 조화를 이루어 새로운 맛과 향을 창출하는 것이 특징이다. 알코올 도수가 낮아 식욕을 증진하므로 식전주로 적합하다. 칵테일은 크게 클래식 칵테일, 모던 칵테일, 논알코올 칵테일 등으로 구분되며, 각각의 스타일에 따라 고유한 맛과 분위기를 연출한다.

칵테일의 구성 요소로는 칵테일의 기본이 되는 주류(Base), 주류와 섞이는 탄산수나 토닉 워터, 진저 에일 등의 믹서류(Mixer), 맛을 더하거나 돋보이게 하기 위해 장식하는 것으로 레몬 슬라이스, 체리 등의 가니시(Garnish), 칵테일의 맛과 향을 더하기 위해 첨가하는 양념류로 소금, 후추, 타바코 소스, 우스터 소스 등의 시즈닝(Seasoning)이 있다.

칵테일은 각 재료가 잘 어우러져 풍부한 맛을 내기 때문에 개개인의 취향에 맞춰 다양한 변형이 가능하며, 마시는 사람에게 색다른 즐거움을 선사한다. 칵테일은 항상 차가운 온도(4~6도)로 서비스되어야 하며, On the Rocks로는 2온스 정도, Straight용으로는 1온스가 적합하다. 항공사는 클래스에 따라 칵테일 서비스

를 제공하며, 저가 항공사나 단거리 노선에서는 제공하지 않는 경우도 많다.

칵테일의 제조 기본 용어

- Build: 글라스에 얼음과 재료를 직접 넣고 바로 섞는 방식으로, 흔들거나 젓지 않는 간단한 방법이다.
- Stir: Mixing Glass에 얼음과 재료를 넣고 바 스푼으로 가볍게 저어 섞는 방식으로, 원래 맛과 향을 유지한다.
- Shake: 셰이커에 얼음과 재료를 넣고 흔들어 만드는 방식으로, 점성이 있는 재료를 사용하는 칵테일에 적합하다.
- Float: 재료의 비중 차이를 이용해 층을 만들어 섞이지 않게 따르는 방법이다.
- Blend: 전기 블렌더에 재료와 부서진 얼음을 넣고 섞는 방법으로, 주로 열대 칵테일이나 프로즌 칵테일에 사용된다.

2) 비알코올 음료

알코올이 함유되지 않은 음료를 말하며, 아래와 같이 크게 세 가지로 분류할 수 있다.

비알코올 음료의 분류

구분	특징 및 종류
청량 음료 (Soft Drink)	탄산을 포함하여 갈증 해소를 목적으로 하는 음료이다. 콜라, 다이어트 콜라, 7-Up, 스프라이트, 탄산수(Soda Water), 토닉 워터(Tonic Water), 진저 에일(Ginger Ale), 페리에(Perrier), 트레비가 있다.
영양 음료 (Nutritious Drink)	비타민이나 미네랄 등 건강에 이로운 성분이 포함된 음료이다. 오렌지 · 포도 · 파인애플 · 토마토 · 구아바 · 사과 주스 등의 주스류와, 일반 우유, 저지방 우유, 두유, 유당 제거 우유 등의 우유류가 있다.
기호 음료 (Fancy Taste)	향이나 맛 등 기호를 만족시키기 위해 섭취하는 음료이다. 디카페인 커피, 인스턴트 커피, 에스프레소 커피 등의 커피류와, 홍차, 녹차, 재스민차, 둥글레차 등의 차류가 있다.

(1) 청량 음료

청량 음료(Soft Drink)는 비탄산 음료(생수)와 탄산 음료로 나눌 수 있다. 탄산이 포함된 음료로는 콜라, 다이어트 콜라, 7-Up, 스프라이트, 탄산수(Soda Water),

토닉 워터(Tonic Water), 진저 에일(Ginger Ale), 페리에(Perrier), 트레비 등 여러 종류가 있다.

청량 음료의 특징은 탄산의 시원한 청량감과 각 음료에 따른 독특한 향미이며, 갈증을 해소하는 데 좋다. 맛있게 마시려면 차갑게 보관하여 탄산이 충분히 유지된 상태에서 즐기는 것이 좋다. 각 음료는 특유의 맛이 있어 콜라나 진저 에일은 독특한 향신료 맛을, 스프라이트와 7-Up은 상쾌한 레몬-라임 맛을 느낄 수 있다.

(2) 영양 음료

영양 음료(Nutritious Drink)는 건강을 증진하거나 필수 영양소를 보충하는 목적의 음료를 말하며, 주스류와 우유류로 크게 나눌 수 있다. 주스류에는 오렌지·포도·파인애플·토마토·구아바·사과 주스 등이 있으며, 과일과 채소에서 추출한 영양소가 풍부하여 비타민과 항산화 성분이 함유되어 있다.

우유류는 일반 우유 외에 저지방 우유, 두유, 유당 제거 우유 등 다양한 종류가 있으므로 개인의 기호와 건강 상태에 맞게 선택할 수 있다. 이러한 영양 음료는 기내에서 승객의 건강을 고려해 제공되며, 음료를 통해 수분을 보충하는 동시

Caia Image/Collection Mix: Subjects/Getty Images

에 필요한 영양소를 섭취할 수 있는 장점이 있다.

(3) 기호 음료

기호 음료(Fancy Taste)는 맛과 향을 즐기기 위해 섭취하는 음료로 크게 커피류와 차류로 나눌 수 있다. 커피류에는 디카페인 커피, 인스턴트 커피, 에스프레소 커피 등이 포함되며, 각기 다른 카페인 함량과 향미로 다양한 선택지를 제공한다. 차류에는 홍차, 녹차, 재스민차, 둥글레차 등이 있으며, 각각 향과 색이 독특하며, 건강에 도움을 주는 성분이 있다. 기호 음료는 기내에서 휴식을 돕고 개개인의 취향을 만족시키며, 특별한 맛을 통해 비행 경험을 더욱 풍요롭게 만드는 역할을 한다.

3) 제공 시점에 따른 분류

식전주(Aperitif)는 식사 전에 마시는 음료로, 식욕을 자극하고 소화를 돕기 위해 알코올 도수가 낮고 가볍게 즐길 수 있는 것이 특징이다. 주로 쌉쌀하거나 상큼한 맛이 나는 것이 많아 입맛을 돋우는 역할을 한다. 버무스(베르무트), 캄파리,

스파클링 와인(샴페인 등), 셰리 등이 주된 식전주이다.

식중주는 식사와 함께 마시는 음료로 음식의 풍미를 더하고 조화를 이루는 것이 중요하다. 요리의 종류와 맛에 맞춰 선택하여 와인, 맥주 등으로 다양하게 즐길 수 있다. 이때 특정 음식과 와인이나 맥주 같은 알코올 음료를 조합하여 서로의 맛과 향을 돋보이게 하는 것을 페어링(Pairing)이라고 한다.

페어링의 핵심은 각 음료와 음식의 특성을 잘 이해하고 조화를 이루는 방법을 찾는 데 있으며, 맛, 향, 질감 등을 기준으로 다양한 방식으로 매칭할 수 있다. 예를 들어 부드럽고 크리미한 음식에는 부드러운 와인을 페어링하여 비슷한 텍스처를 강조하거나, 짭짤한 음식과 산뜻한 화이트 와인을 페어링하여 서로의 맛을 보완하여 균형 잡힌 조화를 이루기도 한다. 일반적으로 레드 와인과 붉은빛의 육류, 화이트 와인과 해산물 같은 고전적인 페어링 규칙이 있으며, 페어링은 특정한 음식과 음료의 풍미가 서로 조화를 이루도록 하여 식사 시간을 풍성하게 만들어 준다.

식후주는 식사 후에 마시는 음료로 알코올 도수가 높고 허브나 과일 향이 강한 리큐어, 브랜디, 코냑, 포트와인 등이 애용된다. 식후주를 Digestif라고 부르기도 하는데, 이 말은 프랑스어에서 유래한 용어로 식사를 소화(Digestion)하는 데

도움을 주기 위해 마련된 음료라는 의미를 담고 있다. 식사 시점에 따른 알코올 음료의 분류를 요약하면 아래와 같다.

식사 시점에 따른 알코올 음료의 분류

식전주	식욕을 돋우기 위해 식전에 마시는 달지 않은 음료이다. 버무스(베르무트), 캄파리, 스파클링 와인(샴페인 등), 셰리 등이 있다.
식중주	알코올 농도가 낮고 혀나 위에 자극을 주지 않으며 음식과 잘 어울린다. 와인, 맥주 등이 있다.
식후주	식후 소화를 촉진하며 알코올 농도가 높고 감미로운 맛을 낸다. 리큐어, 브랜디, 코냑, 포트 와인 등이 있다.

02

기내 음료 서비스

1) 음료 서비스 시 원칙과 자세

(1) 주문받을 때

- 용모와 복장은 항상 청결하고 단정하게 유지한다.
- 서비스 시작 전에 반드시 손을 씻어 청결을 유지하고, 핸드 크림 등의 로션은 바르지 않는다.
- 향수는 적당히 뿌린다.
- 서비스 도중 머리를 쓰다듬거나 코를 만지지 않는다.
- 제공되는 메뉴와 음료의 내용을 숙지하고 승객의 기호와 취향에 맞게 적극적으로 추천한다.
- 추천할 때 가급적 외래어나 전문 용어의 사용을 지양하고 승객이 이해하기 쉽게 설명한다.
- 준비 시간이 오래 걸리는 음료를 주문받을 때는 소요 시간을 안내한다.
- 주문을 받을 때는 메모지 등을 이용하여 주문 내용을 메모하고 그 내용을 승객과 다시 한번 확인한다.

Tray Basis 음료 서비스 시 대화문

- 음료 드시겠습니까?
- 오렌지 주스, 파인애플 주스, 물이 있습니다. 원하시는 음료를 가지고 가시면 됩니다.
- 맛있게 드십시오.

- 승객의 요구에 응하지 못할 경우 사유를 설명하고 대안을 제시할 수 있어야 한다.

(2) 서비스할 때

- 음료를 제공할 때는 주문한 내용을 승객에게 확인한 후 정확하게 전달한다.
- 음료를 제공하기 전에 먼저 승객의 테이블을 펼치도록 안내한다.
- 창가 승객부터 서비스하며, 남녀 승객이 나란히 앉은 경우에는 여자 승객, 유·소아 동반 승객, 노인 승객 순으로 주문을 받고 서비스한다.
- 승객을 정면에서 응대하는 것을 원칙으로 하며, 왼쪽 승객에게는 왼손으로, 오른쪽 승객에게는 오른쪽으로 제공한다. 다만 뜨겁거나 무거운 것을 제공할 때는 편한 손으로 해도 무방하다.
- 모든 음료는 카트 서비스를 제외하고 반드시 트레이에 준비하여 서비스하고, 승객에게 전달할 때 서비스 아이템을 허리 중앙에 배치하여 안정적으로 전달하도록 한다.
- 음료를 캔이나 미니어처 병으로 제공하는 경우 오픈하여 제공하고, 캔이나 병은 컵의 왼쪽에 놓는다.
- 모든 음료를 제공할 때는 식사 트레이로 제공할 때를 제외하고 칵테일 냅킨을 받친다.
- 로고가 새겨진 컵, 칵테일 냅킨 등은 로고가 승객의 정면에 오도록 한다.
- 글라스나 컵을 승객에게 서비스하는 경우, 컵의 하단 쪽이나 글라스의 스템(Stem) 부분을 안정적으로 잡는다.
- 음료는 종류에 따라 뜨겁게 서비스해야 할 것은 뜨겁게, 차갑게 서비스해야 할 것은 차갑게 제공한다.
- 잔에 얼음을 넣을 때는 얼음을 먼저 넣고 그 위에 음료를 따른다.
- 어린이 승객 등 특수 고객에게 음료를 제공할 때는 컵의 1/2만 채우고, 더 필요한 경우 편히 요청해 달라고 얘기한다.
- 알코올 음료를 서비스하는 경우 항공사별로 제공할 수 있는 알코올 음료 규정을 숙지하고 만취 승객이 발생하지 않도록 유의하여 제공한다.

2) 음료별 서비스 방법

(1) Cold Beverage

생수(Mineral Water)는 차갑게 하여(Chilling) 얼음 없이 제공하는 것이 기본이며, 칠링이 충분히 되지 않았다면 잔에 얼음을 넣어 제공한다. 생수가 잔에 절반가량 남았을 때 리필한다. 병을 들고 나가 제공하는 경우, 한 손에 여분의 컵을 담은 소형 트레이(Small Tray)를 들고 나가서 승객에게 컵을 집도록 하거나 승객의 컵을 소형 트레이에 올려 놓고 따른다.

주스(Juice)도 칠링하여 제공하며 칠링하지 않은 경우에는 얼음을 넣는다. 청량음료는 칠링한 후 반드시 얼음을 넣어 제공한다. 캔을 제공할 때는 얼음을 담은 잔과 함께 캔을 그대로 서비스한다. 우유(Milk)는 항상 차게 보관하며 제공 시 우유 팩과 빈 잔을 함께 서비스한다. 따뜻한 우유를 제공하는 경우 뜨거운 물에 우유 팩째 넣고 데워서 이때도 우유 팩과 빈 잔을 함께 서비스한다. 우유는 끓이지 않도록 주의한다.

(2) Hot Beverage

뜨거운 음료는 커피(Coffee)와 차(Tea)로 나뉜다. 그중 기내에서 제공되는 커피의 종류는 일반적으로 세 가지이며 각각 준비하는 방법은 다음과 같다. 내린 커피(Brewed Coffee)는 커피를 브루(Brew)하기 전에 커피포트를 뜨거운 물로 헹궈 청결케 한다. 향과 신선도가 살아 있도록 서비스 직전에 브루한다. 브루한 지 20분 이상이 지난 커피는 제공하지 않는다. 크림과 설탕 여부를 주문받아 함께 서비스한다.

인스턴트 커피(Instant Coffee)는 향과 신선도를 살릴 수 있도록 뜨거운 상태로 제공한다. 이를 위해 서비스하기 직전에 가루 커피에 뜨거운 물을 넣어 충분히 저은 다음, 커피의 농도와 맛을 확인하여 제공한다. 디카페인 커피(Decaffeine Coffee)는 팩을 뜨거운 물과 함께 제공한다. 개별적으로 서비스할 때는 팩을 뜯어 잔에 가루를 담고 뜨거운 물을 부어 저은 다음에 제공한다.

홍차(Black Tea)는 크림, 설탕, 레몬 슬라이스 여부를 주문받아 제공하고, 밀크티(Milk Tea)를 주문한 승객에게는 우유를 제공한다. 뜨거운 물을 잔에 따르고 티백(Tea Bag)은 뜯지 않은 채 따로 제공한다. 레몬은 승객에게 직접 집도록 권유하거나 아니면 승무원이 레몬 슬라이스를 꽂은 칵테일 픽 끝을 잡고 레몬 슬라이스만 컵 안에 넣은 다음 칵테일 픽은 빼낸다. 녹차(Green Tea)는 설탕과 크림을 제공하지 않는다. 뜨거운 물을 잔에 따르고 티백은 뜯지 않은 채 따로 제공한다.

3) 음료 서비스 회수 시 유의점

- 음료를 마신 승객에게는 취식에 만족하셨는지 여부와 더 드실지 여부를 확인한 다음에 회수한다.
- 회수하는 방향은 음료를 제공한 방향과 같은 방향으로 한다.
- 회수하는 순서는 음료를 제공한 순서와 반대로, 즉 통로 측 승객부터 한다.
- 다만 창가 측 승객이 먼저 음료를 다 드신 경우에는 통로 측 승객에게 양해를 구하고 창가 측 승객부터 회수한다.
- Tray로 회수 시 Tray가 통로 쪽을 향하도록 한다.

- 컵을 회수한 경우 승무원의 몸에 가까운 쪽부터 채워 넣는다.
- 착륙 전 시점처럼 다량을 회수해야 하는 경우에는 수거용 비닐 백 또는 Drawer를 이용한다.

음료 서비스 회수 시 대화문

- 실례합니다. 빈 컵을 정리해 드려도 괜찮으시겠습니까?
- 더 필요하신 것이 있으시면 편히 말씀해 주십시오.

03

기내 음료 서비스 방법

1) 카트를 이용한 음료 서비스

▶ FSC 항공사의 국내선 음료 서비스 예시

- 서비스할 음료를 카트 위에 준비하여 프레젠테이션하며 서비스하는 형식이다.
- 탑재된 카트에 각종 음료를 세팅하고 카트의 내부에 여분의 음료 및 서비스 용품을 준비한다.
- 모든 음료 및 서비스 용품은 로고가 승객에게 바로 보이도록 배치한다.
- FSC 항공사의 국내선 서비스의 경우 위와 같은 사진으로 음료를 배치한다. 단, 음료의 구성 및 종류는 항공사별로 다르다.
- 승객에게 제공되는 음료의 종류를 간략히 설명하며 주문을 받는다,
- 항공사에 따라서는 일반적으로 비행시간이 3시간 이상인 구간에서 1st 식사

서비스 전에 실시하는 경우, 알코올 음료와 비알코올 음료를 함께 세팅하여 Aperitif 형식으로 서비스하기도 한다.

- 항공사별로 카트 상단에 Aperitif와 기내식을 위한 서비스를 함께 제공하는 경우도 있다.
- 카트에 준비되지 않은 음료는 갤리(주방)에서 별도로 준비하여 서비스하며, 기내에서 서비스되지 않는 음료를 주문받은 경우에는 양해를 구하고 다른 음료를 권한다.
- 서비스 흐름에 따라 2회 이상 충분히 리필한다.

▶ FSC 항공사의 국제선 식음료 동시 서비스 카트 예시

2) 트레이를 이용한 음료 서비스

실습영상2

▶ Tray를 이용한 음료 서비스 예시

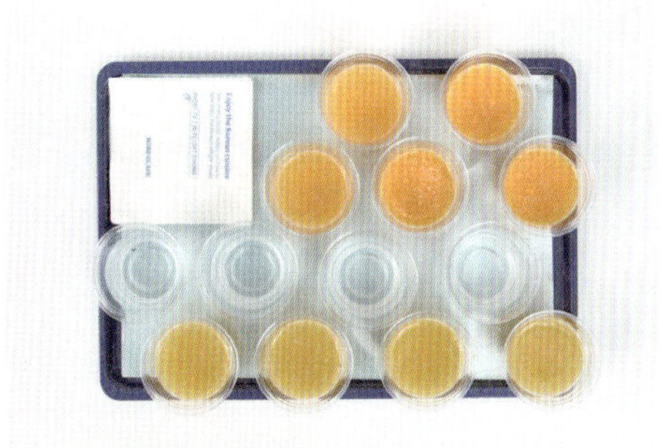

- 장거리 노선의 2nd 기내식 서비스 전이나 착륙 전 음료 서비스, 승객 휴게 시 수시로 음료를 제공할 때 사용하는 서비스 방법이다.
- 라지 트레이에 차갑게 준비한 주스류, 청량 음료류 등 승객 선호도가 높은 음료를 컵에 따르고 모서리 부분에 칵테일 냅킨을 준비한다.
- 항공사별로 트레이를 이용한 음료 서비스와 간단한 스낵류를 함께 제공하는 경우도 있다.
- 기종별 서비스 플로(Flow)에 따라 서비스를 제공한다.
- Aisle 담당 승무원이 음료가 담긴 트레이를 담당 구역별로 들고 나가 승객이 직접 음료와 칵테일 냅킨을 집도록 안내한다.
- 준비되지 않은 음료를 주문할 경우 갤리에서 별도로 준비하여 제공한다.
- Galley 담당 승무원은 음료 서비스가 진행되는 동안 수시로 Aisle 상황을 확인하며 여분의 음료 트레이를 보충하거나 사용한 컵 등을 회수하는 보조 업무를 수행한다.
- 회수 시 만족도 및 리필 여부를 확인한다.

Let's Practice

이 장에서 배운 기내 음료를 종류별로 정리하고 현재 항공사에서 제공되는 종류를 조사해 보세요.

1. 배운 내용을 중심으로 기내 음료를 분류한 도식의 빈칸을 채워 보세요.

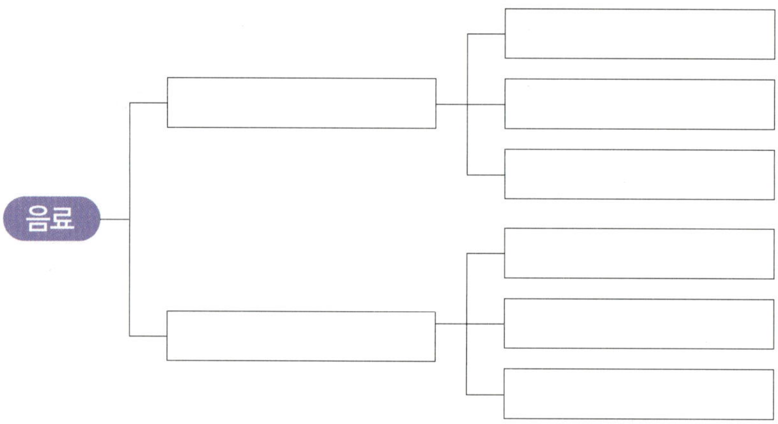

2. 여러분이 일하고 싶은 FSC 항공사는 어느 곳인가요? 그 항공사에서 현재 서비스되고 있는 기내 음료의 종류를 조사해 보세요.

Let's Practice

주어진 그림을 참조하여 준비한 물품으로 카트를 차리고 대화문을 작성해 보세요.

1. '카트를 이용한 음료 서비스' 그림을 참조하여 국내선 음료 서비스 카트를 차려 보세요.

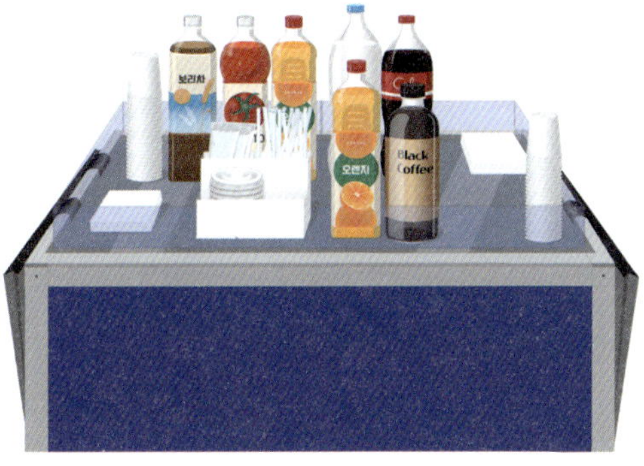

준비물

Meal Cart 2대, 투명 Drawer 2개, 음료수 4~5종류, Muddler Box 2개, 6.5oz 종이컵 2줄, Cup Rid(컵뚜껑)와 Straw(빨대), 칵테일 냅킨 2팩, 회수용 비닐백 2개, 앞치마(실습 인원만큼)

2. 카트를 이용한 음료 서비스 대화문을 작성해 보세요.

Let's Practice

3. 'Tray를 이용한 음료 서비스' 그림을 참조하여 국내선 음료 서비스 카트를 차려 보세요.

준비물

Large Tray + Mat 6개, 음료수 2~3종류, 6.5oz 컵 6줄, 칵테일 냅킨 6팩, 앞치마(실습 인원 만큼)

4. 'Tray를 이용한 음료 서비스' 대화문을 작성해 보세요.

Role Playing

다음 상황에서 어떻게 응대하거나 조치할지 작성하고 실습해 보세요.

1. 국내선 비행에서 제공되지 않는 뜨거운 음료를 요청하는 승객이 있을 때 어떻게 응대하는 것이 좋을까요?

2. 기내에서 계속해서 알코올 음료를 요청하는 승객이 있을 때 어떻게 응대해야 할까요?

Chapter

3

기내식 서비스

항공사의 특성과 품격, 여행지의 특성이 잘 반영된 기내식 서비스는 승객에게 여행의 시작이나 끝에서 특별한 경험을 선사합니다. 그만큼 여행 중 제공되는 맛있고 신선한 기내식은 승객에게 단순한 한 끼 이상의 의미를 갖습니다. 평생 잊지 못할 한 번의 기내식 서비스 경험이 고객으로 하여금 항공사를 다시 찾게 만들고, 이는 곧 항공사가 경쟁사와 차별화할 수 있는 주요 요소 중 하나가 되기도 합니다. 그러면 지금부터 어떻게 기내식 메뉴를 구성하고 서비스하는지 알아볼까요?

01
서양식

서양식은 미국과 유럽에서 시작된 요리의 총칭이다. 우리나라에서는 프랑스, 영국, 독일, 이탈리아, 미국의 요리가 혼성된 것 또는 일부가 가미된 것을 통틀어 서양 요리라고 한다. 실제로 서양 요리의 중심은 프랑스 요리이며, 국제 연회에서는 프랑스식의 조리법과 프랑스식 메뉴가 사용된다. 정식 만찬의 코스는 17세기경까지만 해도 16가지나 되었으나 근래에는 6~7가지 정도의 코스로 구성하는 것이 일반적이다.

기내식을 제공하는 대부분의 항공사가 서양식을 근간으로 서비스한다는 점을 볼 때, 자신감 있는 고품격 서비스를 위해서는 기내식 구성의 바탕이 되는 정통 서양식에 대한 이해가 반드시 필요하다.

1) 서양식의 메뉴 및 구성

서양 요리는 일반적으로 코스별로 요리가 구성되어 한상차림인 우리나라 음식 문화와는 대조적이라 할 수 있다. 코스별 메뉴는 식사의 흐름에 따라 제공하며 신선하고 우수한 양질의 재료를 바탕으로 코스마다 개성 있는 메뉴로 구성한다. 식사는 양에 따라 Light–Heavy–Light 순으로 진행되고, 맛에 따라 식욕을 촉진하는 드라이한 맛에서 소화가 잘 되는 단맛으로 이어진다.

정통 서양식은 상황에 따라 일부 음식이 생략되거나 추가되기도 한다. 기내식 메뉴는 정통 서양식을 근간으로 하나 각 항공사 및 클래스별 코스의 구성과 순서에는 다소 차이가 있다.

정통 서양식의 코스 및 항공사 클래스별 기내식 코스

정통 서양식	항공사 기내식		
	First Class	Business Class	Economy Class
Aperitif	Pre–drink	Pre–drink	Appetizer or Salad
Amuse Bouche	Starter	Starter	Main Dish
Appetizer	Appetizer	Appetizer	Dessert
Soup	Soup	Soup	Hot Beverage
Fish	Salad	Main Dish	
Meat	Sherbet	Cheese & Dessert(Fruit)	
Sherbet	Main Dish	Hot Beverage & Dessert	
Roast	Cheese & Fruit		
Salad	Dessert		
Cheese	Hot Beverage & Liqueur		
Dessert			
Coffee, Tea			
Liqueur			

Tips 서양식 메뉴의 종류

▶ **Table D' Hote(타블도트)**

프랑스어로 '주인의 식탁'이라는 뜻을 가진 정식 메뉴(Table D'hote, Full Course)는 프랑스식 정식 메뉴에 해당하는 코스 요리로, 종류와 순서가 미리 결정되어 있는 메뉴 차림표이다. 전체 코스가 미리 정해져 있으며 미각, 영양, 분량을 참작하여 구성한 한 끼분의 식사이다.

▶ **A La Carte(아라카르트, 일품요리)**

코스별 다양한 메뉴 중에서 식성대로 한 가지씩 자유롭게 선택하여 먹을 수 있는 차림표를 의미한다. 기호에 따라 다양하게 선택할 수 있고 제공되는 요리 품목의 메뉴 구성이 다채롭다는 장점이 있다.

2) 서양식 코스

보통의 코스 요리에서는 일반적으로 식전 음료와 전채요리 다음에 수프, 샐러드, 주요리, 디저트, 식후 음료 등으로 이어진다. 항공사 기내식도 정통 서양식 코스 요리에 고품격 식음료 서비스의 개념을 접목한 메뉴를 기본으로 코스별로 개성 있게 메뉴를 구성한다. 기내식의 서비스 순서에 따라 코스별로 제공되는 식음료의 종류 및 특징을 알아본다.

1 식전 음료

식전 음료는 식사하기 전에 위산 분비를 촉진하고 식욕을 돋우는 음료를 총칭하며, 알코올 음료일 경우 식전주(Aperitif)라고 한다. 서양식에서는 식사와 함께 알코올 음료를 즐기는 것이 보편화되어 있다. 식사 전 소량의 알코올 음료를 섭취하면 위산 분비가 활발해져 식욕이 좋아지고 신맛과 쓴맛이 있으면 식욕은 더 촉진된다. 자주 즐겨 마시는 식전주로는 칵테일, 샴페인, 캄파리, 셰리주, 베르무트 등이 있다.

2 빵

빵은 서양식에서 와인과 같이 식사가 끝날 때까지 식탁 위에 있으며 주로 수프와 함께 주요리가 끝날 때까지 먹는다. 서양식의 코스별로 제공되는 음식 고유의 맛을 즐길 수 있도록 혀에 남은 맛을 깔끔하게 씻어 주는 역할을 한다. 점심, 저녁과 같은 정찬일 경우 하드 롤(Hard Roll)과 소프트 롤(Soft Roll), 프렌치 바게트(French Baguette) 등으로 제공하며, 아침 식사의 경우 크루아상(Croissant), 머핀(Muffin), 브리오슈(Brioche), 대니시 롤(Danish Roll) 등을 제공한다.

3 전채요리

전채요리(Appetizer)는 서양식 코스 중 가장 먼저 제공되는 요리로 신맛, 짠맛이 가미되므로 타액의 분비를 촉진하여 식욕을 돋우는 역할을 한다. 프랑스어로는 오르되브르(Hors D'Oeuvre)라고 한다.

전채요리의 역할을 하기 위해서는 다음과 같은 조건을 갖추어야 한다.

- 양이 적어야 하며 주요리와 조화가 잘 되고 다음 요리와 중복되지 않아야 한다.
- 간결하고 색상의 조화가 어우러져야 하며 시각적으로 보기 아름다워야 한다.
- 식욕을 촉진하기 위해 제공되는 요리인 만큼 시각과 미각을 만족시킬 수 있어야 한다.

대표적인 전채요리의 종류로는 캐비아, 푸아그라, 트러플, 훈제연어 등이 있다.

4 수프

서양식에서 유일하게 국물이 있는 요리로, 육류, 조류, 어패류 또는 야채 등을 고아낸 국물로 만든다. 주요리를 먹기 전에 식욕을 돋우고, 다음 요리의 소화를 돕는 코스이다. 위벽을 보호하여 알코올에 대한 저항력을 강하게 해 주기도 한다. 일반적으로 뜨겁게 제공된다.

5 샐러드

생채소에 여러 가지 양념을 섞어 만든 드레싱을 얹어 먹는다. 샐러드에는 필수

비타민과 미네랄이 함유되어 건강의 균형을 유지해 준다. 신선한 야채의 고운 색깔로 요리의 다채로움과 풍성함을 더해 주기도 한다. 알칼리성 식품으로 육식을 중화해 주며, 가볍고 신선한 미각으로 주요리와 조화를 이룬다. 정통 서양식에서 샐러드는 주요리 다음에 제공되는 것이 원칙이었으나 요즘에는 주요리 전이나 주요리와 함께 제공되기도 한다.

6 주요리

주요리(Main Dish)는 앙트레, 곡물류, 조리된 채소의 세 가지로 이루어진다.

- 앙트레(Entrée): 서양식 코스 중 식단의 중심이 되는 요리이다. 육류, 해산물류, 가금류 등이 있으며 소스가 함께 곁들여진다.
- 곡물류(Starch): 밥, 감자, 파스타 등의 탄수화물이 함유된 재료를 의미한다.
- 조리된 채소(Vegetable): 당근, 브로콜리, 아스파라거스 등을 익혀 조리한 것을 주로 사용하며, 소금, 설탕, 그 외 양념을 넣은 물에 삶아 살짝 볶거나 구워 제공한다.

7 치즈

주로 우유나 양, 산양 등의 젖을 응축한 식품이다. 단백질의 원천이 되기 때문에 서구인의 식단에서 빼놓을 수 없는 중요한 메뉴의 하나이다. 제조 방법, 생산지, 숙성 정도 등에 따라 치즈의 맛과 향이 다르며 고유의 특색을 지닌다. 대부분의 치즈는 향과 맛을 제대로 즐기기 위해 실온에서 먹으며, 와인과 절대적 조화를 이루는 식품이기도 하다.

8 디저트

식사의 마지막을 장식하는 디저트는 그 종류만큼이나 맛도 다양하며 이전에 제공된 요리와 조화를 이루어야 한다. 주로 과일이나 아이스크림, 파이 등의 스위트 디시로 구성되며, 이와 같은 디저트는 식사의 화려한 분위기를 최종적으로 연출해 주는 역할을 한다.

Tips 서양식 아침 식사

▶ **유럽식(Continental Breakfast)**

영국을 제외한 유럽식의 조식을 의미하며 크루아상, 브리오슈 등의 아침 빵과 커피, 차, 우유, 주스 등의 음료만으로 이루어진 간단한 식사이다. 감자 요리나 달걀, 소시지 등의 일품 요리(A La Carte)를 추가하기도 한다.

kirin_photo/E+/Getty Images

▶ **미국식(American Breakfast)**

유럽식에 비해 가짓수가 많다. 과일 주스로 시작하여 시리얼(Cereal)류, 아침 빵, 토스트, 잼, 달걀 요리, 햄, 베이컨, 소시지, 커피, 차 등으로 구성된다.

kirin_photo/E+/Getty Images

Q 서양식의 코스 요리 중 Main Dish의 세 가지 구성은 무엇일까요?

A ______________________________

02

기내식

기내식이란 항공사가 목적지까지 운항하는 동안 항공기 내에서 승객에게 제공하는 식사와 음료를 말한다. 기내식 서비스는 항공사에 대한 타사와의 차별화된 가치와 품질을 알 수 있는 결정적 요소이기 때문에, 서비스의 주체가 되는 객실 승무원이라면 반드시 기내 식음료 서비스에 대한 전문적 지식을 습득해야 한다. 더불어 다양한 노선에 따른 서비스의 특성도 함께 숙지해 보자.

1) 기내식의 분류

기내식은 서비스 노선, 비행 소요 시간, 서비스 시간, 클래스 등에 따라 다양하게 분류할 수 있다. 식사의 메뉴나 탑재 비율은 노선의 특성과 승객의 선호도에 대한 자료를 바탕으로 정한다.

(1) 식사 유형에 따른 분류

많은 항공사들이 다양한 국적을 가진 탑승객의 입맛을 만족시키기 위해 다채로운 메뉴 개발에 힘쓰고 있다. 기내식의 메뉴는 항공사 노선에 따라 다르며, 승객의 기호와 계절의 특성 등을 고려하여 사이클(Cycle)마다 기존 메뉴를 수정, 보완한다.

식사 유형별 기내식 메뉴

구분	메뉴
서양식	Grilled Beef, Beef Stew, Braised Beef, Roasted Fish, Chicken Pasta, Omelet 등
한식	비빔밥(미역국, 된장국), 비빔국수, 곤드레밥, 강된장덮밥, 낚지덮밥, 흰쌀죽, 불고기, 삼계찜, 영양쌈밥, 닭곰탕, 동치미국수 등
중식	Stir-fried Beef or Seafood With Chinese Sauce, Chinese Style Chicken With Oyster Sauce 등
일식	Japanese Style Teriyaki Chicken, Green Tea Soba 등

(2) 비행 시간에 따른 분류

기내식은 비행 소요 시간에 따라 핫 밀과 콜드 밀로 나뉘고 제공 횟수도 달라진다.

비행 시간별 기내식 종류와 횟수

구분	비행 시간	기내식 종류 및 제공 횟수
단거리	~3시간	2시간 미만: 콜드 밀 1회 제공
		2시간 이상: 핫 밀 1회 제공
중거리	3~8시간	핫 밀 1회 + 리프레시먼트(노선에 따라) 제공
장거리	8시간~	핫 밀 2회 + 스낵 제공

❶ 단거리 기내식
❷ 중거리 기내식
❸ 장거리 기내식

(3) 서비스 시간에 따른 분류

기내식은 제공되는 시간에 따라서도 나눌 수 있다. 출발지 시간을 기준으로 기내식 형태를 계획한다.

서비스 시간별 기내식 형태

서비스 시간	기내식 형태
04:00 ~ 09:00	Breakfast
09:00 ~ 11:00	Brunch
11:00 ~ 14:00	Lunch
14:00 ~ 17:00	Light Meal
17:00 ~ 22:00	Dinner
22:00 ~ 24:00	Supper
24:00 ~ 04:00	Refreshment

(4) 사전 주문에 의한 분류

기내식은 승객의 식사 사전 주문 여부에 따라 일반식과 특별식(Special Meal, SPML)으로 구분된다. 일반식은 비행 전 사전 주문 절차를 거치지 않고 항공기에 탑승한 모든 승객에게 제공되는 식사이다. 특별식은 승객 개개인이 여러 가지 이유로 사전에 특정 음식으로 주문하는 식사이다. 대표적으로는 종교식, 야채식, 건강식, 유아식 및 아동식, 기타 특별식 등이 있다.

특별 기내식의 종류

구분	종류
종교식	Kosher Meal(KSML): 유대교식 Hindu Meal(HNML): 힌두교식 Moslem Meal(MOML): 이슬람교식
야채식	Vegetarian Lacto-ovo Meal(VLML): 서양 채식 Vegetarian Vegan Meal(VGML): 엄격한 서양 채식 Vegetarian Hindu Meal(AVML): 인도 채식 Vegetarian Jain Meal(VJML): 엄격한 인도 채식 Vegetarian Oriental Meal(VOML): 동양 채식 Raw Vegetarian Meal(RVML): 생야채식
건강식	Bland Meal(BLML): 유동식 Diabetic Meal(DBML): 당뇨식 Gluten Intolerant Meal(GFML): 글루텐 제한식 Low Calorie Meal(LCML): 저열량식 Low Fat Meal(LFML): 저지방식 Low Salt Meal(LSML): 저염식 Low Lactose Meal(LLML): 유당 제한식
유아식 및 아동식	Infant Meal(IFML): 영아식 Baby Meal(BBML): 유아식 Infant Child Meal(ICML): 영유아식 Child Meal(CHML): 아동식
기타 특별식	Seafood Meal(SFML): 해산물식 Fruit Platter Meal(FPML): 과일식 Allergen-free Meal(SPML): 알레르기 제한식

Tips PRML

> 최근 국내 항공사에서는 승객들이 비행 중 선호하는 메뉴 취식이 불가한 상황을 방지하기 위해 상위클래스에 한하여 기내식 사전 주문 서비스(Pre-order Meal, PRML)를 시행하고 있다. 승객들은 사전에 항공사 홈페이지 또는 앱(APP)을 통해 주요리/전채요리/Soup 코스 등을 미리 선택할 수 있으며, 채식에 대한 고객의 기호를 반영한 비건 메뉴도 선택 가능하다. 퍼스트 클래스를 기준으로, 기존 탑재 메뉴 대비 전채요리는 5종류, Soup은 4종류, 주요리는 약 5~6종류를 더 추가하여 승객들의 기호 반영을 통한 만족도를 높이고 있다.

2) 일반석 기내식 서비스

일반석 식사 서비스 시에는 다양한 코스를 한상차림으로 서비스한다. Basic Tray 라고 하는 기본 식판에 빵, 전채요리, 주요리, 치즈와 디저트 등이 함께 구성된다.

Dr. Victor Wong/Shutterstock.com

(1) 특별 기내식 서비스 절차

특별 기내식은 건강 및 종교, 연령 등의 사유로 승객이 항공사에 사전 주문하여 기내에 탑재되는 식사이다. 객실 승무원은 비행 전 해당 SPML의 종류를 확인하고 Special Meal Galley Information을 참고한다.

준비 절차

- 승객 탑승 후 Zone별 Aisle 담당 승무원은 SHR을 참고하여 담당 Aisle의

Special Meal 주문 승객에게 주문 내역을 확인한다.

- 승객의 주문 내용, 성명, 좌석번호 등을 확인한다.
- 식사와 함께 제공될 와인과 기타 음료도 함께 주문받는다.
- Special Meal Tag 한 장에는 좌석번호만을 기록하여 오전달 방지를 위해 승객의 Headrest Cover에 부착한다. 그리고 또 다른 Special Meal Tag에는 좌석번호, 성명, SPML 종류 및 주문받은 음료의 종류를 기록한 후 Galley 승무원에게 전달하고, 해당 Special Meal Tray에 부착한다.

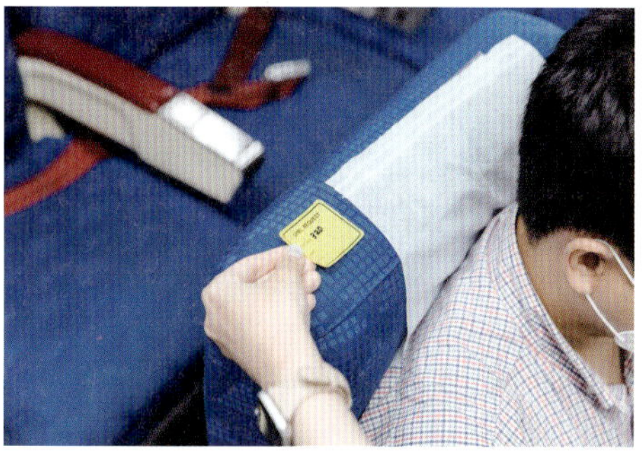

서비스 절차

- Special Meal 서비스는 Zone별 담당 승무원이 제공함을 원칙으로 한다.
- Meal 서비스 시 일반 Meal보다 Special Meal 주문 승객에게 우선 제공하며 제공 시 승객의 성명, 주문 메뉴를 승객에게 재확인한다.
- SPML 개봉은 승객이 직접 하도록 안내하여, 신청 내역에 대한 이상 유무를 반드시 승객이 확인하도록 한다.

(2) 일반 기내식 서비스 절차(장거리 기준)

객실 승무원은 기내에서 식음료 서비스 업무를 전문적으로 수행하기 위해 서비스 기본자세와 원칙은 물론이고 기내식 제공에 필요한 업무 지식을 숙지해야 한다. 앞서 배운 이론적 지식을 토대로 기내 서비스의 전 과정 중 기내식 서비스와 관련된 절차와 서비스 내용, 업무 수행 방법에 관한 실무 지식에 대해 알아보자.

Galley Briefing

〈Breakfast/Brunch 제외 노선〉
Meal Tray With Wine
& Cold Beverage

〈Breakfast/Brunch 노선〉
Meal Tray With
Cold Beverage

Wine Refill (Meal Tray와 함께 Wine을 제공한 경우)

Hot Beverage

Meal Tray Collecting

Final Collecting

1 Galley Briefing 및 Meal Cart 준비

Meal Cart를 준비하는 절차를 알아본다.

준비 절차

- Meal Cart 상단에 Drawer를 준비하여, 각종 Juice, Soft Drink, Mineral Water, Cup, 고추장, Service Tag, 얼음, Paper Towel 등을 준비한다.
- 비아침식사 메뉴를 제공하는 경우 White/Red Wine(With Wine Server), Service Linen을 추가로 준비한다.
- 국이 있는 경우 Pot에 상온의 Mineral Water 1Cup을 넣고 Hot Water를 받아 SVC 직전에 준비하고 외부는 얼룩이 없는 청결한 상태로 준비한다.

2 Meal Tray With Wine & Cold Beverage

Meal Tray With Wine & Cold Beverage를 서비스하는 절차를 알아본다.

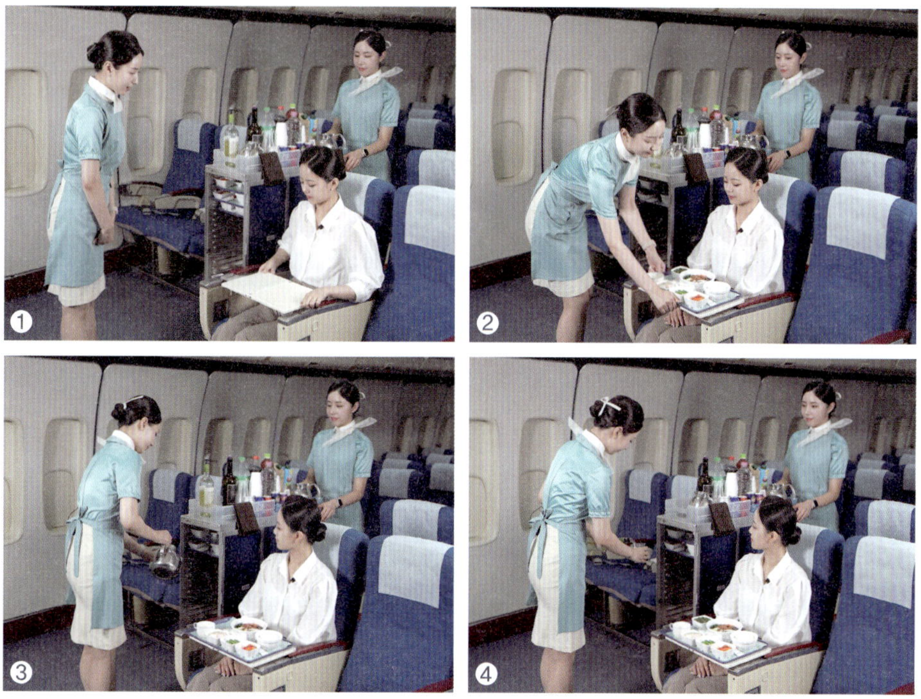

서비스 절차

- 식음료를 제공하기 전에 승객이 Table을 펴도록 안내한다.
- Main Dish의 종류 및 내용, 조리법 등을 설명한 뒤 Meal을 주문받는다.

- 승객의 주문에 따라 Meal Tray를 제공하고, 국이 제공되는 경우 Hot Water를 한식용 국 용기에 부어 드린다. 안쪽이나 창가 측 승객의 경우 의향을 물어 뜨거운 물을 부은 국과 Meal Tray를 함께 서비스해도 무방하다.
- 서비스 시 뜨거운 국으로 인해 승객이 화상을 입지 않도록 안내한다.
- 한식을 주문한 외국인 승객에게 취식 방법을 간략히 설명하고, AVOD 내 한식 메뉴 안내 영상을 참고하도록 안내한다. (필요시 콘텐츠 소개가 반영된 Cocktail Napkin 제공)

식사 서비스 시 대화문

- 실례합니다. 카트 지나갑니다. (Cart Locking 후 Meal을 제공할 승객의 앞 좌석에 있는 승객의 등받이 원위치 상태를 확인한다.)

실습영상3

실습영상4

- 식사 드리겠습니다. 식사 전에 테이블을 열어 주시겠습니까?
- 식사는 세 가지가 있습니다. 한식 비빔밥, 양식은 통감자에 검은 후추 소스를 곁들인 소고기 요리, 중식으로는 볶음밥에 중국식 소스를 곁들인 닭고기 요리가 있습니다. 어느 것으로 드시겠습니까?
- 네, 알겠습니다. 말씀하신 비빔밥 드리겠습니다. 미역국 준비해 드리겠습니다.
- 뜨거우니 조심하십시오.
- 와인 드리겠습니다. / 식사와 함께 와인 드시겠습니까? 레드 와인, 화이트 와인이 있습니다. 어느 것으로 드시겠습니까?
- 말씀하신 레드 와인 드리겠습니다. (제공 후) 맛있게 드십시오.

* 추가 표현

- 와인 외에 다른 음료로는 주스, 탄산음료, 맥주 등이 있습니다. 어느 것으로 드시겠습니까?

- Meal Tray 제공 후 Wine을 주문받아 제공한다.
- 준비된 음료를 소개하고 주문받아 제공한다.
- Wine SVC 시 Wine Server와 서비스 Linen을 사용할 수 있다.
- 소금/후추, 소스류를 요청받는 경우 Galley에서 준비하여 제공한다.
- 서비스가 진행되는 동안 Skip된 승객이 없는지 수시로 확인한다.

3 Wine Refill

Meal Tray와 함께 Wine이 제공된 경우, Meal 제공이 끝난 후 Wine Refill을 실시한다.

4 Hot Beverage

Hot Beverage를 준비하는 절차와 서비스하는 절차로 나누어 알아본다.

준비 절차

- Meal Tray 서비스가 끝난 후 Small Tray와 Hot Beverage 서비스용 Item을 준비한다.
- Hot Beverage 서비스용 Item: Hot Pot(Coffee/Hot Water), Dessert Bowl(With Sugar, Cream, 인공 감미료/Tea Bag)

• Item이 종류별로 잘 보일 수 있도록 각각 Dessert Bowl에 Setting한다.

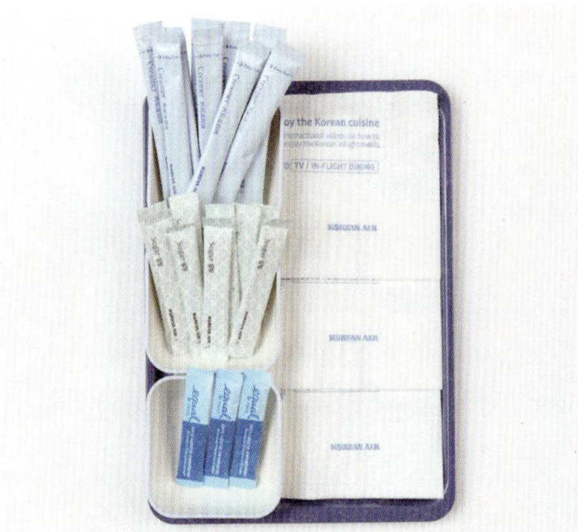

서비스 절차

- Meal 서비스 진행 방향과 동일하게 Zone별로 Hot Beverage를 서비스한다.
- 커피 서비스 시에는 승객이 Coffee Cup을 Small Tray의 Cocktail Napkin 위에 놓도록 하고 Aisle 쪽에서 커피를 따른 후 Cream, Sugar의 의향을 물어 승객이 집도록 안내한다.

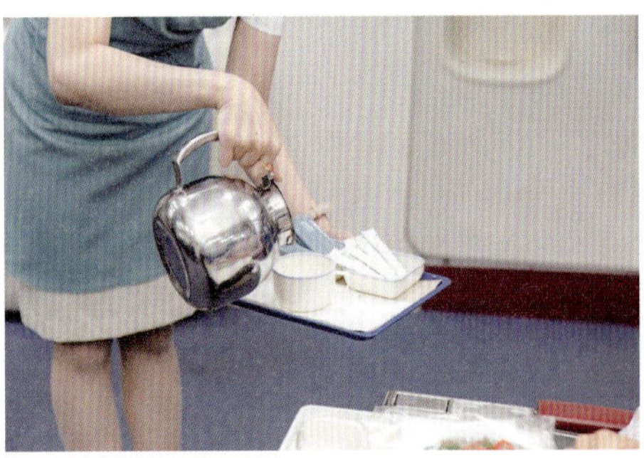

• 차 서비스 시에는 Hot Water를 먼저 제공한 후 Tea Bag, Sugar, Cream 등을 집도록 안내한다. Lemon 요청 시, Cocktail Pick을 꽂은 Lemon Slice를 별도로 제공한다.

Hot Beverage 서비스 시 대화문

Coffee 서비스

실습영상5

• 커피 드리겠습니다.
• 커피 컵 올려 주시겠습니까?
• (따른 후) 많이 뜨겁습니다. 조심하십시오.
• 설탕, 크림 필요하십니까?

Tea 서비스

• 차 드리겠습니다.
• 컵 올려주시겠습니까?
• (따른 후) 많이 뜨겁습니다. 조심하십시오.
• (뜨거운 물이 담긴 컵 제공 후) 차는 녹차와 홍차 있습니다.

5 Meal Tray Collecting

Meal Tray Collecting을 준비하는 절차와 서비스하는 절차로 나누어 알아본다.

준비 절차

• Meal Cart 상단 Drawer 내 Item을 재정리한다 (Mineral Water, Orange Juice, Cup, Cocktail Napkin, Paper Towel 등).
• Used Item 회수용으로 별도의 빈 Drawer를 준비한다.

서비스 절차

- Aisle 측 승객부터 회수하며, 창가 측 승객이 먼저 끝난 경우에는 Aisle 측 승객에게 양해를 구하고 회수한다.
- 취식에 대한 승객의 만족도를 확인하고 반드시 회수 여부를 물어본 뒤 치워드린다.
- 식사 카트를 이용한 트레이 회수 시 카트 상단부터 넣는다.
- Meal Tray 회수 시 승객 Table이 깨끗하지 않은 경우 준비된 Paper Towel로 닦는다.

식사 회수 시 대화문

- 맛있게 드셨습니까? 정리해 드리겠습니다.
- (다른 Used Item이 있는 경우) 함께 치워 드리겠습니다.
- 빈 컵 정리해 드리겠습니다.

실습영상6

6 Final Collecting

Meal Tray Collecting이 끝난 후에는 추가로 Aisle Cleaning을 하며 수거하지 못한 Meal Tray가 없는지 확인한다.

Q 장거리 첫 번째 식사(점심 또는 저녁) 서비스 순서를 적어 보세요.

A ______________________________

Let's Practice

기내에서 제공되는 식사와 음료를 몇 가지 선택하고 서비스를 실습해 보세요.

1. 기내 식사 메뉴와 음료의 종류를 적어 내용을 숙지하세요.

- 식사 메뉴 1 ________________
- 식사 메뉴 2 ________________
- 식사 메뉴 3 ________________
- 식사와 함께 서비스되는 음료 ________________
- 식사 서비스 시 유의점 ________________

____

2. 기내 식사 서비스를 실습해 보세요.

- 식사 서비스 준비(카트 차림 등)
- 식사 서비스(음료 포함)
- 와인 리필 서비스
- Hot Beverage 서비스
- 식사 회수 서비스

Role Playing

다음 상황에서 어떻게 응대하거나 조치할지 작성하고 실습해 보세요.

1. 기내식 제공 시 앞 좌석 승객의 등받이가 젖혀 있는 경우에는 어떻게 해야 할까요?

2. 기내식 제공 시 취침 승객이 있는 경우에는 어떻게 하면 좋을까요?

Chapter

4

기내 정리 및 입국 서류 서비스

비행의 안전과 쾌적한 승객 경험을 위해 항공기의 청소 작업은 비행의 모든 순간에 필수적인 업무입니다. 기내 청소는 좌석, 통로, 창문, 화장실 등 기내 곳곳을 철저히 청결하게 유지하는 작업으로 기내 위생과 서비스 품질을 책임지는 중요한 요소 중의 하나입니다. 비행 전 항공기는 다양한 조업 직원들의 도움으로 손님들을 맞을 준비를 하게 됩니다. 객실 승무원들은 깔끔하게 정리된 비행기에서 승객들을 맞이하지요. 하지만 비행시간이 흘러갈수록 좁은 좌석 공간은 기내 서비스의 잔여물로 채워지며 이륙 전의 깨끗함은 찾아볼 수 없게 됩니다. 이러한 이유로 객실 승무원들은 비행 중 주기적으로 기내 곳곳을 정리하여 쾌적한 비행이 유지되도록 해야 합니다. 이 장에서는 기내식·음료 서비스 이후 기내를 쾌적하게 정리하고 입국 서류 등을 배포하는 업무에 대해서 살펴보겠습니다.

01

기내 정리

1) 갤리 디브리핑(Galley De-briefing)

기내식 서비스 중 미취식 승객/개별 요청사항 등 후속 조치가 필요한 상황에 대해 Galley 담당 승무원이나 선임 승무원에게 보고하고 즉시 후속 조치를 실시한다. 기내식 서비스 종료 후 상위클래스는 해당 클래스의 선임 승무원, Y/CLS에서는 Galley Duty 승무원이 주관하여 실시하여 후속 조치가 필요한 사안에 대해 이행되었는지 여부를 확인한다. 선임 승무원은 Galley 디브리핑 내용과 최종 서비스 이행 여부를 객실 사무장에게 보고한다.

2) 기내 정리(Clear Off)

객실 승무원은 승객들의 쾌적한 비행을 위해 화장실, Galley 주변, Aisle을 수시로 청소하여 청결을 유지해야 한다. 특히 기내식 회수 후 입국 서류 배포나 기내 면세품 판매 전에는 다수의 승객들이 화장실을 집중적으로 이용한다. 그러므로 이 시점에는 화장실 청결 상태나 비품의 보충 등에 더욱 신경을 써서 점검하고 청결한 기내 상태를 유지하여 승객들의 휴식이나 수면이 편안하게 이루어지도록 한다.

(1) Galley Cleaning

- 식음료를 다루는 곳으로 항상 청결하게 유지해야 한다.
- 기내식 서비스를 준비하거나 회수 업무 후 Galley 내 작업이 필요한 경우 커튼을 닫고 업무를 수행한다.

(2) Aisle Cleaning

- 각 클래스와 구역별 Aisle 담당 승무원이 담당한다.
- 앞치마는 탈의하고 청소 작업을 수행한다.
- Trash Bag과 카펫 전용 솔을 들고 나가, 사용한 컵이나 부피가 큰 쓰레기 등은 Trash Bag에 담고, 카펫 위의 이물질 등은 카펫 제거 전용 솔로 쓸며 제거한다(일회용 비닐장갑을 착용할 수 있다).
- 승객 좌석 앞주머니 속에 들어 있는 승객들이 사용한 컵이나 불필요한 물건은 의향을 묻고 치운다.
- 사용한 컵, 헤드폰이나 담요, 비닐 등 기타 서비스 용품으로 인해 승객이 다치지 않도록 Aisle 정리는 수시로 실시한다.

(3) Lavatory Cleaning

- 객실 사무장은 객실 브리핑 준비 시 화장실별 담당자를 지정한다.
- 상위클래스의 경우 Aisle 담당 승무원을 중심으로 담당 구역별 화장실을 배

정하고, 매 승객 사용 직후 청결 유지 업무를 수행한다.

- 일반석의 경우 화장실 위치를 고려하여 화장실과 가장 가까운 Aisle 담당 승무원에게 1~2개씩 배정한다. Aisle 담당 승무원이 부족한 경우 Galley 담당 승무원에게도 배정한다.
- 일반석의 경우 승객 3~5명 사용 후 1회 점검을 기준으로 하나, 화장실을 집중적으로 이용하는 시간대(기내식 회수 직후나 2nd 기내식 서비스 전)를 기준으로 30분간은 수시로 화장실을 점검하도록 한다.
- 화장실 안에 수시로 Cabin Spray를 분사한다.
- 화장실 업무 수행 시에는 화장실 대기 승객에게 양해를 구하고 문을 연 채로 일회용 장갑을 착용 후 청결 업무를 수행한다.
- 모든 화장실 용품은 승객 하기 시까지 지속적으로 보충한다.

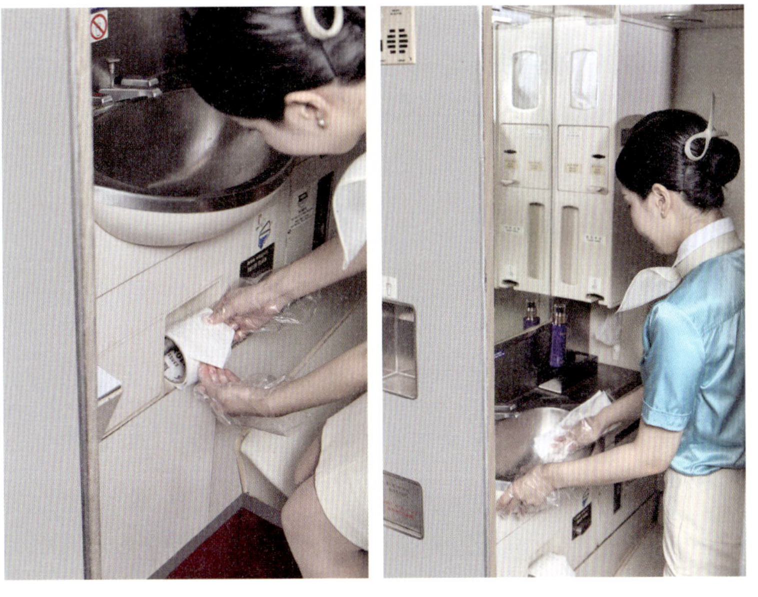

02

입국 서류

객실 승무원은 담당 구역별로 승객의 입국 편의를 위해 도착국의 입국에 필요한 서류를 기내에서 배포하고 작성을 돕는다. 일반적으로 입국 서류에는 입국 신고서, 세관 신고서, 검역 신고서가 포함되나 국가별 출입국 규정에 따라 제출 여부가 다르다. 디지털 전자 여행 시스템의 구축 및 ESG 경영의 일환으로 Paperless, 전자식 출입국 신고서를 작성하는 국가가 증가하고 있다.

이러한 이유로 객실 승무원은 비행 전 브리핑 시트를 통해 업데이트된 출입국 규정(C.I.Q)을 숙지하고 이를 바탕으로 해당 편 비행에서 배포할 입국 서류의 종류와 작성 방법을 승객에게 정확하게 안내해야 한다. 대한민국 입국을 기준으로 각각의 서류에 대해 살펴보자.

1) 입국 신고서

입국 신고서(Arrival Card)는 외국인 승객이 대한민국 입국 시 작성하는 기본적인 서류로 법무부와 출입국사무소에서 입국 절차를 신속하게 진행하는 데 필요하다. 입국 신고서에는 입국 목적, 방문지 주소, 숙소 정보, 체류 기간, 연락처 등의 기본 정보가 포함된다. 대한민국에 입국하는 모든 외국인이 기입하여 제출해야 하지만, 90일 미만 체류자나 (관광 등의 목적) 등록 외국인은 작성하지 않아도 된다.

▶ 대한민국 입국 신고서

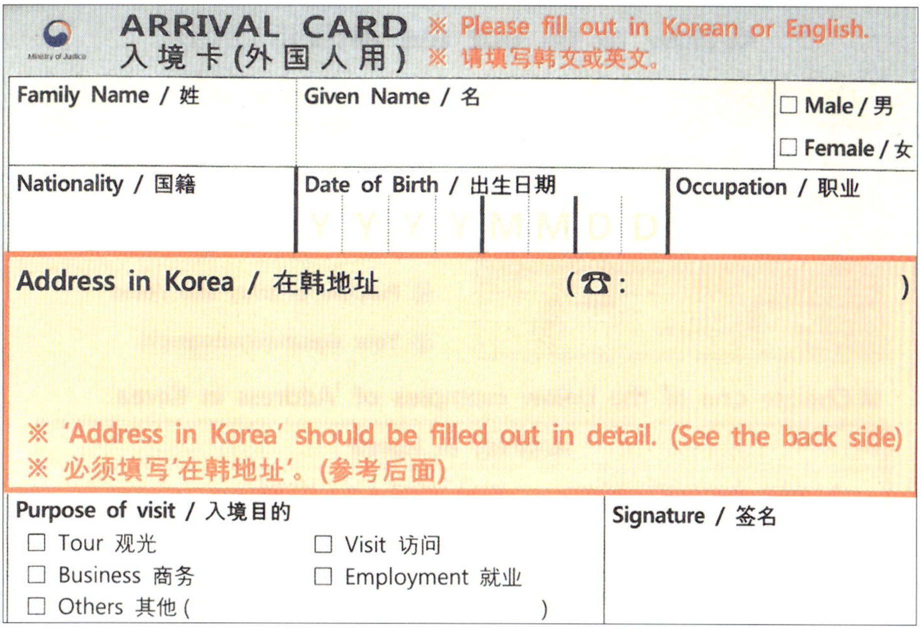
ARRIVAL CARD
入境卡(外国人用)
※ Please fill out in Korean or English.
※ 请填写韩文或英文。

Family Name / 姓
Given Name / 名
☐ Male / 男
☐ Female / 女
Nationality / 国籍
Date of Birth / 出生日期
Y Y Y Y M M D D
Occupation / 职业
Address in Korea / 在韩地址 (☎ :)
※ 'Address in Korea' should be filled out in detail. (See the back side)
※ 必须填写'在韩地址'。(参考后面)
Purpose of visit / 入境目的
☐ Tour 观光
☐ Visit 访问
☐ Business 商务
☐ Employment 就业
☐ Others 其他 ( )
Signature / 签名

2) 세관 신고서

세관 신고서(Customs Declaration Form)는 여행자가 입국 시 반입하는 물품 중 신고해야 할 품목이 있는지 확인하기 위해 작성하는 서류이다. 관세청에서 세금을 부과하거나 반입이 제한된 물품을 통제하기 위해 필요하다. '여행자 휴대품 신고서'로 불리기도 한다.

세관 신고서에는 이름, 국적, 여권번호 등 개인 정보와 여행 목적, 체류 기간이 포함된다. 또한 면세 한도를 초과하는 물품, 미화 1만 달러 이상의 현금, 농산물 및 축산물 등 반입 제한 품목을 신고해야 한다. 작성 후 세관에 제출하여 확인 절차를 거치며, 필요시 세금이 부과되거나 금지된 물품은 압수된다. 국가별 휴대품 면세 허용 범위가 다르므로 객실 승무원은 해당 편 비행의 세관 규정을 숙지하여 승객들에게 올바른 정보를 제공해야 한다.

▶ 대한민국 세관 신고서

온라인 세관 신고서

관세청
KOREA CUSTOMS SERVICE

여행자 휴대품 신고서

- 신고대상물품이 있는 입국자는 신고서를 작성·제출해야 합니다.
- 동일한 세대의 가족은 1명이 대표로 신고할 수 있습니다.
- 성명과 생년월일은 여권과 동일하게 기재해야 합니다.

성 명			
생년월일	년 월 일		
여권번호	외국인에 한함		
여행기간	일	출발국가	
동반가족	본인 외 명	항공편명	
전화번호			
국내 주소			

세관 신고사항 해당 사항에 "☑" 표시

1 **휴대품 면세범위**(뒷면 참조)**를 초과하는 "품목"**

면세 초과 있음				없음
술	담배	향수	일반물품	

- 물품 상세 내역은 뒷면에 기재

⇨ 자진신고 시 **관세의 30%(20만원 한도) 감면**

2 **원산지가 FTA 협정국가인 물품으로서 협정관세를 적용받으려는 물품** 있음☐ 없음☐

3 **미화로 환산해서 총합계가 "1만 달러"를 초과하는 화폐 등**(현금, 수표, 유가증권 등 모두 합산) 있음☐ 없음☐

[총 금액 :]

4 **우리나라로 반입이 금지되거나 제한되는 물품** 있음☐ 없음☐

ㄱ. 총포류, 실탄, 도검류, 마약류, 방사능물질 등
ㄴ. 위조지폐, 가짜 상품 등
ㄷ. 음란물, 북한 찬양 물품, 도청 장비 등
ㄹ. 멸종위기 동식물(앵무새, 도마뱀, 원숭이, 난초 등) 또는 관련 제품(웅담, 사향, 악어가죽 등)

5 **동·식물 등 검역을 받아야 하는 물품** 있음☐ 없음☐

ㄱ. 동물(물고기 등 수생 동물 포함)
ㄴ. 축산물 및 축산가공품(육포, 햄, 소시지, 치즈 등)
ㄷ. 식물, 과일류, 채소류, 견과류, 종자, 흙 등

- 가축전염병 발생국의 축산농가 방문자는 농림축산검역본부에 신고하시기 바랍니다.

6 **세관의 확인을 받아야 하는 물품** 있음☐ 없음☐

ㄱ. 판매용 물품, 회사에서 사용하는 견본품 등
ㄴ. 다른 사람의 부탁으로 반입한 물품
ㄷ. 세관에 보관 후 출국할 때 가지고 갈 물품
ㄹ. 한국에서 잠시 사용 후 다시 외국으로 가지고 갈 물품
ㅁ. 별송품, 출국할 때 "일시수출(반출)신고"를 한 물품 등

본인은 이 신고서를 사실대로 성실하게 작성하였습니다.

년 월 일

신고인: (서명)

< 뒷면에 계속 >

1인당 "품목"별(술/담배/향수/일반물품) 면세범위

▸ 해외 또는 국내 면세점에서 구매하거나, 기증 또는 선물받은 물품 등으로서

품목	면세범위	품목	면세범위
술	2병 합산 2ℓ 이하로서 총 US $400 이하	일반물품	미화 800달러 이하
담배	- 궐련형: 200개비(10갑) - 시 가: 50개비 - 액 상: 20mℓ(니코틴 함량 1% 이상은 반입 제한) ▸ 한 종류만 선택 가능		▸ 다만, 농림축수산물 및 한약재는 검역에 합격한 것으로서 총 40kg, 총 금액 10만원 이하 (물품별로 수량·중량 제한)
향수	60mℓ		

* 만 19세 미만인 사람(만 19세가 되는 해의 1월 1일을 맞이한 사람은 제외)에게는 술 및 담배를 면세하지 않습니다.

면세범위 초과 "품목"의 상세내역

▸ **면세범위 이내 "품목"** - 작성 생략
▸ **면세범위 초과 "품목"** - 해당 품목의 **전체 반입내역** 작성

예 시 : 술 3병, 담배 10갑, 향수 30mℓ, 시계(가격 1천 달러) 반입 시
→ **술 3병, 시계(가격 1천 달러)** 작성(면세범위 이내인 담배, 향수는 작성 생략)

품 목	물 품 명	수량(또는 중량)	금 액
술			
담배			
향수			
일반물품			

※ 세관 신고사항을 **신고하지 않거나 허위신고한 경우 가산세**(납부세액의 40% 또는 60%)가 **추가 부과**되거나, **5년 이하의 징역 또는 벌금**(해당 물품은 몰수) 등의 **불이익**을 받게 됩니다.

95mm×245mm[백상지 100g/㎡]

Q 기내에서 승객의 입국 서류 작성을 도와드릴 때 승객이 소지한 여행이나 출장 시 방문할 장소, 날짜, 시간, 활동 등을 정리한 문서를 요청하여 정보를 확인해야 한다. 승객이 소지한 이 문서는 무엇일까요?

A ____

3) 검역 신고서

검역 신고서(Quarantine Declaration Form)는 입국 시 검역 대상 여부를 판단하기 위해 필요한 서류로 질병관리청과 국립검역소에서 질병 예방 및 감염병 확산 방지를 목적으로 활용한다. 검역관리지역으로 지정된 국가에서 출발한 비행편에서 작성하는 서류인 '건강상태 질문서'로 배포되거나 검역정보 사전입력시스템(Q-CODE)에 입력할 수 있다.

검역관리지역이란 해외에서 감염병이 유행하거나 확산될 우려가 있어 검역이 필요하다고 지정된 특정 지역으로, 객실 승무원들은 해당 편 비행 브리핑 시트에서 검역 신고서 작성에 대한 정보를 미리 확인할 수 있다.

검역 신고의 종류

▶ Q-CODE APP

▶ 건강상태 질문서

■ 검역법 시행규칙 [별지 제9호서식]

건강상태 질문서

(앞쪽)

성명	성별 [ ]남 [ ]여
국적	생년월일
여권번호	도착 연월일
항공기 편명	좌석번호
한국 내 주소	
휴대전화	

과거 21일 동안의 방문 국가명을 적어 주십시오.

1)	2)	3)

과거 21일 동안에 아래 증상이 있었거나 현재 있는 경우 해당란에 "√" 표시를 해주십시오.

[ ] 설사	[ ] 구토	[ ] 복통	[ ] 발열	[ ] 오한
[ ] 콧물 또는 코막힘	[ ] 기침	[ ] 인후통	[ ] 근육통	[ ] 두통
[ ] 호흡곤란	[ ] 발진	[ ] 모기물림	[ ] 눈충혈	[ ] 기타 ( )

건강상태 질문서 작성을 기피하거나 거짓으로 작성하여 제출하는 경우 「검역법」 제12조 및 제39조에 따라 1년 이하의 징역 또는 1천만원 이하의 벌금에 처해질 수 있습니다.

작성일 년 월 일

작성인 (서명 또는 인)

국립검역소장 귀하

148mm×210mm (황색지 70g/㎡)

03
입국 서류 서비스

1) 입국 서류 배포 일반 사항

- 기내에서는 도착지의 입국에 필요한 서류를 배포하고 작성하는 것을 지원한다.
- Small Tray에 해당 노선에 필요한 입국 서류와 볼펜을 세팅해 Service Flow에 맞게 배포한다.
- 입국 서류를 배포하고 작성을 지원하는 시점은 노선별로 다르다. 단거리 구간에서는 비행 시간이 짧으므로 지상에서 배포하고, 장거리 구간에서는 첫 번째 식사 시간 서비스가 끝나고 승객들이 휴식에 들어가기 전에 도착 국가에 필요한 입국 서류를 배포하고 노선에 따라서는 착륙 전에 입국 서류 리필 서비스를 하기도 한다.
- 담당 구역별 승객 개개인에게 나누어 주면서 확인한다.
- 배포 서류는 입국 신고서, 세관 신고서, 검역 신고서 등이며 해당 국가별 출입국 규정에 따라 작성 서류와 기준이 다르다.

2) 입국 서류 작성 협조 시 유의점

- 담당 구역의 승객 중 서류 작성에 어려움이 있는 승객에게는 적극적으로 도움을 제공한다.
- 입국 서류에 표기된 기본적인 용어를 숙지하여 작성을 돕는다.
- 도움을 제공하여 서류를 작성하는 경우 승객의 정보가 담긴 자료(여권, 여행 일정표 'Itinerary')는 작성 후 정확히 고객에게 전달하고 서류 하단의 서명은 반드시 고객이 직접 하도록 안내한다.

▶ 입국 서류 서비스 예시

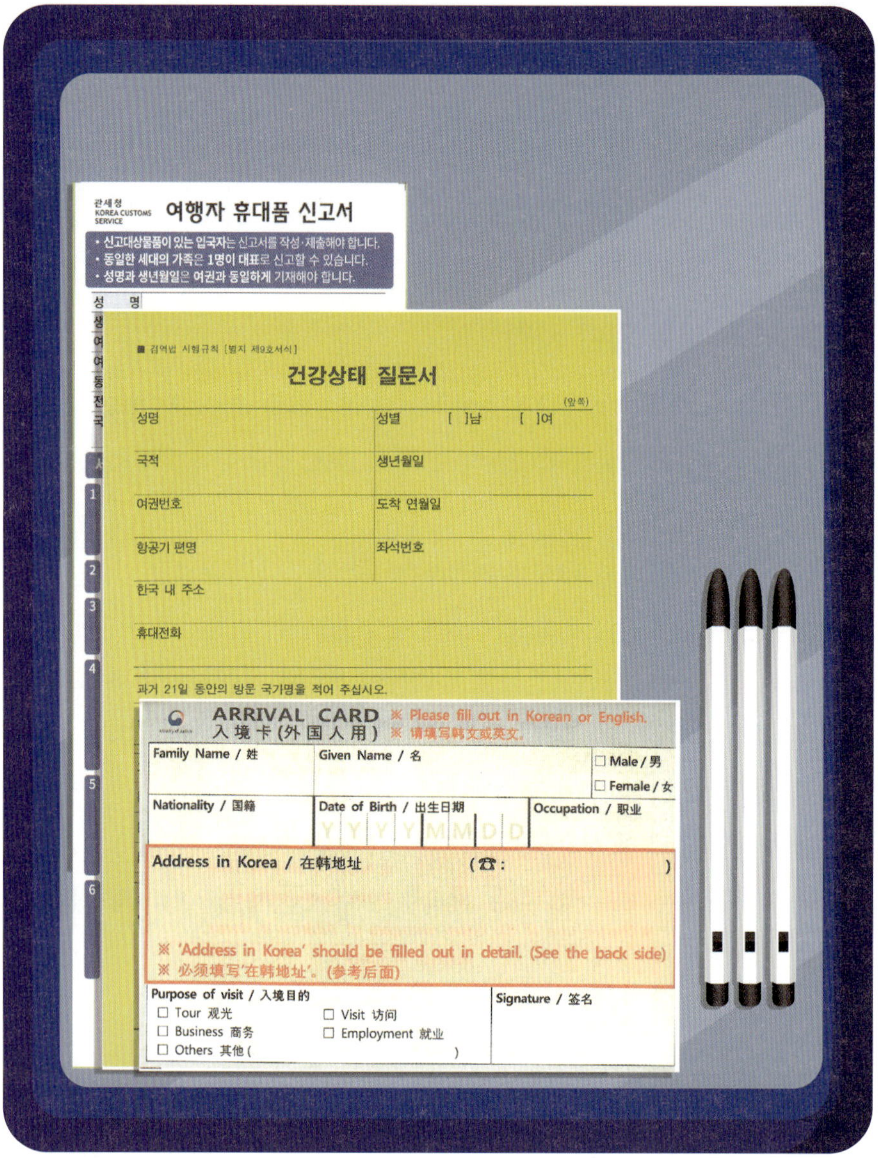
관세청 KOREA CUSTOMS SERVICE
여행자 휴대품 신고서
• 신고대상물품이 있는 입국자는 신고서를 작성·제출해야 합니다.
• 동일한 세대의 가족은 1명이 대표로 신고할 수 있습니다.
• 성명과 생년월일은 여권과 동일하게 기재해야 합니다.
성 명
건강상태 질문서
(앞쪽)
성명
성별 [ ]남 [ ]여
국적
생년월일
여권번호
도착 연월일
항공기 편명
좌석번호
한국 내 주소
휴대전화
과거 21일 동안의 방문 국가명을 적어 주십시오.
ARRIVAL CARD
入境卡(外国人用)
※ Please fill out in Korean or English.
※ 请填写韩文或英文.
Family Name / 姓
Given Name / 名
☐ Male / 男
☐ Female / 女
Nationality / 国籍
Date of Birth / 出生日期
Y Y Y Y M M D D
Occupation / 职业
Address in Korea / 在韩地址
(☎ :)
※ 'Address in Korea' should be filled out in detail. (See the back side)
※ 必须填写'在韩地址'。(参考后面)
Purpose of visit / 入境目的
☐ Tour 观光
☐ Visit 访问
☐ Business 商务
☐ Employment 就业
☐ Others 其他 ( )
Signature / 签名

Let's Practice

다음 질문을 통해 기내 정리 및 입국 서류 서비스 내용을 숙지하도록 하세요.

1. 기내 정리 체크포인트를 참고하여 세부 항목을 점검해 보세요.

구분	세부 항목	탁월	보통	미흡
객실(Cabin)	좌석 Pocket, 좌석 Tray, 좌석 하단 쓰레기 등을 정리한다.			
	복도(Aisle) 주변의 쓰레기 등을 정리한다.			
	항공기 도어 주변, 좌석 후방 주변을 정리한다.			
	기내 벽면 잡지꽂이를 정리한다.			
화장실 (Lavatory)	화장실 용품 세팅 및 롤페이퍼 끝을 삼각형으로 접어 둔다.			
	세면대 물 고임 등을 확인한다.			
	쓰레기통 닫힘 상태를 상시 확인한다.			
갤리(Galley)	갤리 내 시설물 명칭과 점검 방법을 제대로 숙지한다.			
	갤리 내 선반 등의 정리 상태를 확인한다.			
	갤리 Locking 상태를 확인한다.			

2. 국적기 객실 승무원으로서 첫 비행을 하고 싶은 국가와 도시를 선정하여 해당 비행편에 필요한 입국 서류 정보와 면세 규정을 확인해 보세요.

- 국가

- 도시

- 비행편명

- 필요한 입국 서류

- 면세 규정

Role Playing

다음 상황에서 어떻게 응대하거나 조치할지 작성해 보세요.

대한민국에 입국하는 가족 세 사람이 세관 신고서 작성에 대해 문의하고 있습니다.

- 28A: 40대 남성, 기내에서 담배 3보루와 750ml 양주 3병을 구입함
- 28B: 40대 여성, 28A의 아내이며 면세품 구매 이력 없음
- 28C: 10대 여학생(중학생), 28A,B의 자녀이며 면세품 구매 이력 없음

1. 객실 승무원이 28A 승객을 응대할 때 고려해야 할 사항은 무엇인가요?

2. 이 상황에 적합한 대화문을 작성해 보세요.

Chapter

5

기내 판매 서비스

대부분의 항공사 국제선 노선의 경우, 손님들의 좌석 앞주머니 속에는 항공사의 소식지, 난기류 시 사용할 수 있는 봉투, 기내 면세품 안내 책자가 들어 있습니다. 승객들은 기내 면세품 안내 책자를 통해 다양한 면세품 정보를 얻을 수 있습니다. 선명한 색감과 자세한 설명을 담은 다양한 상품을 살펴보며 승객들은 장거리 여행의 지루함을 해소하기도 합니다. 항공사는 다양한 고급 브랜드의 면세품을 제공함으로써 항공사의 프리미엄 이미지를 더하기도 합니다. 이 장에서는 기내 면세품 판매에 필요한 서비스 물품과 절차를 살펴보고 이를 바탕으로 승객에게 기내 면세품을 판매하는 서비스에 대해서 살펴보겠습니다.

01

기내 면세품

이륙 후 기내 음료와 기내식 서비스를 제공하고 객실을 정리, 정돈한 후 입국 서류를 배포했다면 기내 면세품(In-Flight Sales, IFS) 판매를 시작한다. 기내 면세품 판매는 국제선 항공편에서 기내 서비스의 일환으로 승객의 편의를 위해 술, 향수, 화장품 등 국내외 유명 브랜드의 상품을 면세 가격으로 구입할 수 있도록 면세품을 판매하는 업무이다. 기내 면세품 판매 시에는 항공기라는 공간적인 제한과 승객의 휴게 시간을 고려하여 판매 시간을 제한한다는 점, 도착지 국가의 면세 구입 한도액을 준수해야 한다는 점 등의 특성을 고려해야 한다.

면세품 판매 업무의 특징은 항공기 내 면세 물품 제공에 대한 공간적인 제한, 판매 시간의 제한, 도착지 국가의 면세 구입 한도액 준수 등의 특성을 고려해야 한다는 점이다. 또한 기내 판매에 필요한 물품을 확인하고 기내 판매 절차 및 회사의 관련 공지사항을 정확히 숙지해야 한다. 항공사별로 차이가 있으나 주로 기내 면세품 판매 카트를 이용한 판매와 승객의 주문을 받아 판매하는 형태가 있으며, 매 비행마다 기내 면세품 판매를 담당하는 승무원을 지정한다.

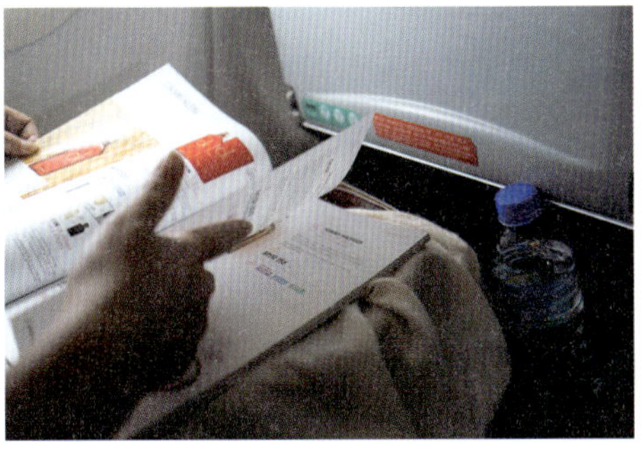

Ko Aun Lee/Shutterstock.com

abd_image/Shutterstock.com

1) 기내 면세품의 종류와 가격

항공사별로 다양한 제품을 판매하나 일반적으로 주류, 화장품류, 향수류, 건강 식품류, 스위츠/고메, 전자/리빙, 패션용품 등을 면세 가격으로 판매한다. 판매 물품은 항공사 마케팅 정책에 따라 다르며 판매 물품도 매월 변경될 수 있다.

Varga Jozsef Zoltan/Shutterstock.com

IconiaGh/Shutterstock.com

(K 항공사 기준)

기내 면세품의 가격은 항공사별 기내 면세품 홈페이지와 기내에 비치된 책자에서 확인할 수 있으며, 환율과 프로모션 등의 행사에 따라 매월을 기준으로 가격이 변동될 수 있다. 이러한 이유로 객실 승무원은 기내 면세품 판매 시 고객에게 정확한 정보를 전달할 수 있도록 최근 공지사항과 정보를 정확히 숙지하고 안내해야 한다.

2) 기내 면세품의 결제

기내 면세품 판매 대금은 항공사가 정한 주요 국가의 화폐와 여행자 수표, 신용카드 등으로 결제할 수 있다.

(1) 현금

국내 항공사의 경우 원화(KRW), 미화(USD), 엔화(JPY), 위안화(CNY), 유로화(EUR)로 수령한다. 하지만 화폐별로 동전은 수수하지 않는 경우가 있으므로 객실 승무원은 항공사별 수수 가능 화폐 단위가 무엇인지 숙지해야 한다.

❶ 원화(₩) ❷ 미화($)
❸ 엔화(¥) ❹ 위안화(¥)
❺ 유로화(€)

현금은 위조지폐 여부를 확인한다. 객실 승무원은 각 화폐가 위조지폐인지 여부를 정확히 파악할 수 없지만, 의심스러운 부분이 있을 때 '비추어 보기', '기울여 보기', '만져 보기' 등의 방법으로 일반 화폐들과 다른 점을 찾아낼 수 있다.

(2) 여행자 수표

여행자 수표(Travelers Check)란 현금 분실이나 도난 등의 위험을 피하기 위하여 은행 자기앞수표 형식(정액권)으로 발행하여 판매하는 것이다. 전 세계 은행은 물론이고 호텔, 공항, 레스토랑, 백화점, 환전상 등에서 현금과 같이 사용할 수 있다. 분실이나 도난의 경우 재발행이 가능하기 때문에 안전하게 사용할 수 있다는 점에서 여전히 여행객들의 사용 빈도가 높다.

객실 승무원이 기내 면세품 판매 중 여행자 수표를 받았을 때는 여행자 수표 하단의 Counter Sign과 Original Sign의 일치 여부를 확인하고, 이 서명이 여권의 서명과 동일한지도 확인해야 한다. 또한 여행자 수표 뒷면에 승객의 성명, 여권번호, 편명, 날짜를 기입해야 한다.

iona Hanson - PA Images/Getty Images

(3) 신용카드

항공사별로 신용카드(Credit Card) 수수 규정 및 제한이 다를 수 있으므로 객실승무원은 기내 면세품 판매 시 신용카드 결제에 관한 지시 및 공지를 숙지하여 차질이 없도록 한다.

운항 중인 항공기 내에서는 전산망에 접속하기 어렵기 때문에 사후 승인 방식 결제를 진행하는 신용카드 결제가 가능하다. 통신을 통해 사전 거래 승인이 필요한 카드(비자 일렉트론 카드, 직불카드, 데빗카드, 체크카드 등)와 타인 명의의 카드는 사용이 불가하다.

신용카드는 국내 발급 카드와 해외 발급 카드로 나뉘며 모두 KRW와 USD로 결제할 수 있다. 카드 할부는 국내 발행 카드에 한해 원화로 5만 원 이상 결제할 때 가능하다. 기내에서 결제 가능한 일반적인 지불 한도는 카드 1개당 1,500달러로 금액대별 추가 확인 절차가 있을 수 있다. 법인명의 법인 카드의 경우 구매자의 성명, 여권번호, 좌석번호를 신용카드 전표에 반드시 기재한다.

martin-dm/E+/Getty Images

Q 부록의 객실 브리핑 시트에서 기내 판매 업무 담당자는 누구일까요?

A ______________________________

3) 기내 면세품 구매 방법

(1) 기내 현장 구매 방식

기내 면세품 판매는 비행별로 설정된 서비스 절차에 따라 상위클래스부터 Sales Cart를 이용하여 진행된다. 일반적으로 카트당 3명의 승무원이 함께 업무에 투입된다(카트 핸들링 2명, 서비스 보조 1명). 카트가 지나갈 때 구매를 원하는 승객은 좌석 앞에 비치된 기내 면세품 카탈로그를 참고하여 기내 면세품 판매 승무원에게 물건 요청, 결제, 전달의 과정으로 구매할 수 있다.

기내 면세품 판매 카트 서비스가 종료된 후에도 구매를 원하는 승객은 객실 승무원을 호출하여 원하는 물건을 구매할 수 있다(단, 착륙 업무 수행 전). 기내 면세품은 모기지에서 출발하기 전에 정해진 수량의 물품을 탑재(Standard Loading)하여 다시 모기지로 돌아올 때까지 재탑재가 불가하므로 탑재된 수량이 모두 판매된 경우 원하는 물품을 구매하지 못하는 경우가 발생할 수 있다.

Tips 모기지

객실 승무원이 주로 거주하는 도시나 지역을 가리키며, 승무원들이 해당 지역에서 항공사의 기지로 출퇴근하게 된다. 우리나라 객실 승무원의 경우 주로 서울(인천), 부산, 대구, 청주 등이 해당한다.

(2) 예약 구매 방식

승객들이 자신이 원하는 물품을 사전에 예약하고, 기내에서 전달받는 방식이다. 앞서 설명한 바와 같이 품절의 우려 없이 승객이 원하는 물품을 미리 확보하여 판매한다. 예약 방식에 따라 사전 결제와 기내 현장 결제로 구분된다.

1 사전 예약 주문 제도

전화, 이메일, 웹사이트, SNS(카카오톡) 등으로 예약 가능하며, SHR(Special Handling Request) 또는 SSR(Special Service Request)을 활용하여 승객의 좌석번호를 확인한 후 주문한 면세품을 전달하는 구매 방식이다. 항공사별로 주문 가능 시한은 상이하나 일반적으로 탑승 60일 전부터 예약 주문이 가능하고 항공기 출발 72시간 전까지 주문 및 취소가 가능하다(단, 중국, 일본 노선은 48시간 전까지 가능하다). 인터넷 사이트에서 예약 시 결제가 함께 진행되며, 기타 예약의 경우 기내에서 결제한다.

2 귀국편 사전 주문 제도

대부분의 항공사에서는 승객 좌석 앞주머니 등에 '기내 면세품 사전 주문서'를 비치한다. 여행을 시작하는 출발편에서 예정된 귀국편의 탑승 예약 정보(현지 출발일, 귀국편 편명 등)로 구매를 원하는 물품명과 수량을 기재하여 객실 승무원에게 전달한다. 객실 승무원은 사전 주문서를 접수할 때 다음 사항을 확인해야 한다.

- 귀국편의 현지 도착 후 72시간 이후에 출발하는 편명 확인(중국, 일본 노선은 48시간 전)
- 영문 성명, 생년월일, 연락처, 귀국편 탑승일과 탑승 편명 기재 여부
- 귀국편의 현지 출발 일자 기재 여부
- 코드셰어 항공편 여부(코드셰어 항공편은 기내 면세품 사전 주문서 접수 불가)
- 접수 후 담당 승무원 기재란(성명, 편명, 접수 일자) 기재 여부
- 복사본 기재 상태 확인 및 승객 보관용 주문서 전달 여부

• 사전 주문 가능 물품 여부

기내 면세품 사전 주문서를 제출했다고 하여 바로 물품 대금을 결제하지는 않는다. 귀국편에서 주문한 물품을 수령한 후 승무원과 주문 물품 내역을 확인한 후 결제한다. 이러한 이유로 기내 면세품 사전 주문 제도는 승객들이 편리하게 이용할 수 있는 제도이다.

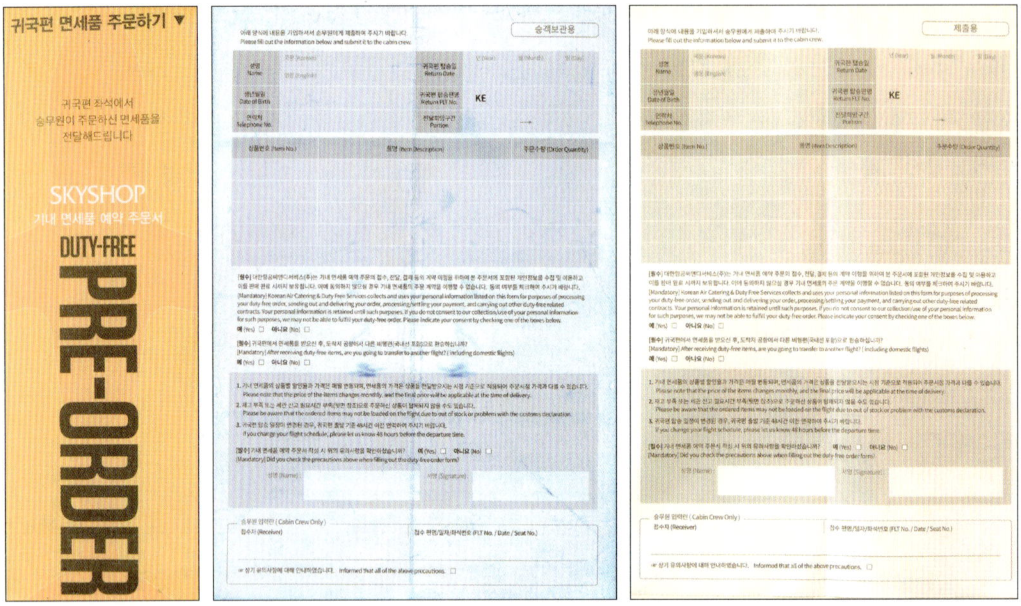

4) 기내 면세품 판매 담당 승무원의 업무

(1) 비행 전(모기지 출발 시)

기내 판매 담당 승무원은 비행 전에 기내 판매를 위한 판매 대금 가방(Money Bag)과 잔돈을 회사가 지정한 장소에서 수령하고, 객실 브리핑 시 기내 판매와 관련된 정보를 공유한다. 항공기 탑승 후에는 기내 판매 물품을 지상 조업원과 인수인계(Seal to Seal/Item by Item)해야 한다.

Tips 인수인계 방식

▶ Seal to Seal

기내 판매 물품의 인수인계 시 Carrier Box나 Cart에 Seal을 채워 인계팀에게 Seal Number를 인계 또는 Check하는 방식을 의미한다.

▶ Item by Item

기내 판매 물품의 인수인계 시 고가의 물품은 Carrier Box나 Cart에서 Seal을 개봉하여 담당 승무원과 지상 조업원이 직접 고가 물품의 상태와 수량을 확인하여 인계 또는 Check 하는 방식을 의미한다.

승무원용 가격표(조견표), 판매 장부, 면세품 판매용 휴대 단말기(POS), 쇼핑백, 훼손 탐지 가능 봉투, 영수증 여분 등을 확인하고 작동 이상 유무, 충전 상태 등을 확인해야 한다.

잔돈(판매 대금 가방 포함) 및 조견표 수령	• 회사가 지정한 장소(은행 등) • 원화(KRW), 달러(USD), 유로화(EUR), 위안화(CNY), 엔화(JPY)
객실 브리핑 시 Sales 관련 정보 공유	• 기내 적용 환율, 예약 주문 관련 정보/공지 등
항공기 탑승 후 인수인계	• 방식: Seal to Seal/Item by Item • 기타 장비: 판매 장부, 기내 면세품 판매용 휴대 단말기(POS), 쇼핑백, STEB, 영수증 여분 등

Tips 훼손 탐지 가능 봉투(Security Tamper Evident Bag, STEB)

ICAO 기술 기준에 따라 공항 및 기내 면세점에서 구매한 액체류 면세 물품을 담기 위해 특수 제작된 보안 투명 비닐 봉투이다. 손님에게 액체류 물품을 판매한 후 이 봉투를 사용한 경우 판매 장부에 사용 기록을 남겨야 한다.

기내 면세품 판매 물품

기내 판매를 위한 대금 가방(Money Bag)과 잔돈	승무원용 가격표(조견표)

면세품 판매용 휴대 단말기(POS)	쇼핑백
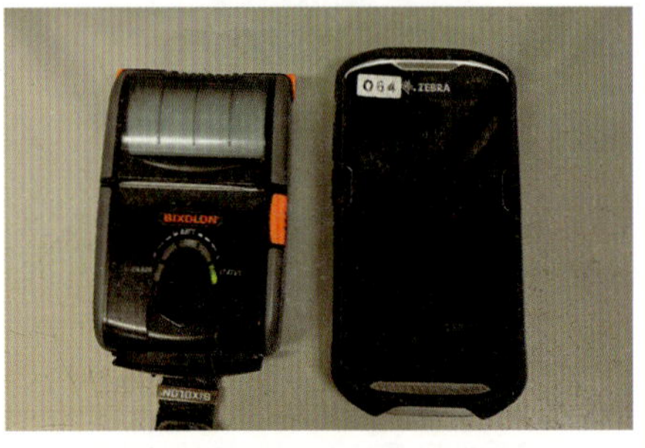	
훼손 탐지 가능 봉투 (Security Tamper Evident Bag)	판매기기 용품 (여분의 용지, 배터리 등)
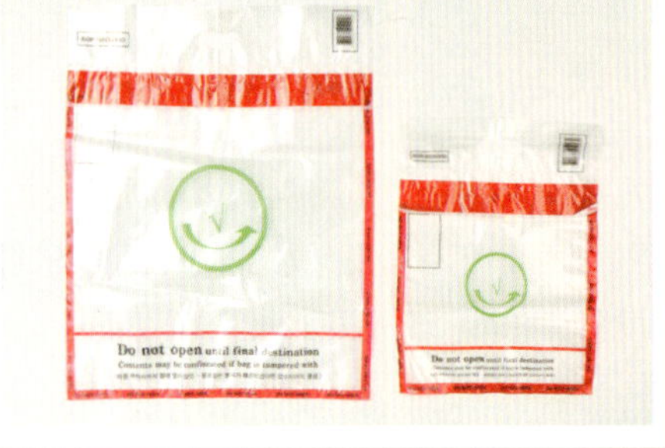	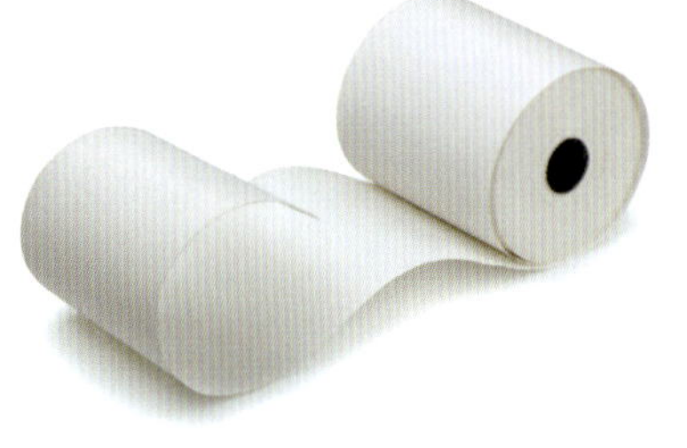

(2) 비행 중(해외 현지 도착/출발 시)

비행 중 기내 면세품 판매는 항공기별로 정해진 Flow에 따라 진행된다. 다음 그림의 A330-200Q 항공기의 경우 기내 면세품 판매는 항공기 전방인 비즈니스 클래스에서 L Side와 R Side 각각 1대의 기내 면세품 판매 카트가 위치하여 항공기 후방으로 이동하며 면세품을 판매한다.

▶ A330-200Q 항공기 예시

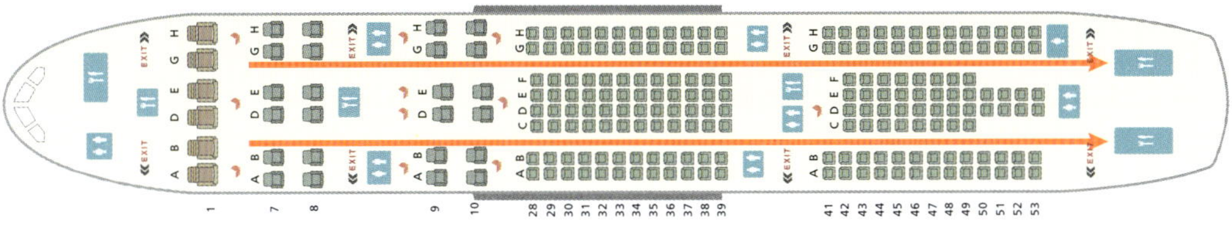

또 다른 예로 B777-300Q의 경우 총 3대의 기내 면세품 판매 카트로 서비스가 진행된다. 항공기 전방인 비즈니스 클래스에서 L Side, R Side 각각 1대의 기내 면세품 판매 카트가 위치하여 항공기 후방으로 이동하며 면세품을 판매하는 것은 A330-200Q 항공기와 동일하나, 아래의 그림에서 보듯이 추가적으로 L Side No. 4 Door에서 1대의 카트를 더 배치하여 'ㄷ자' 모양으로 기내 면세품 서비스를 진행한다. 이처럼 항공기의 규모에 따라 효율적인 기내 면세품 판매 서비스 Flow는 기종별로 차이가 있다.

▶ B777-300Q 항공기 예시

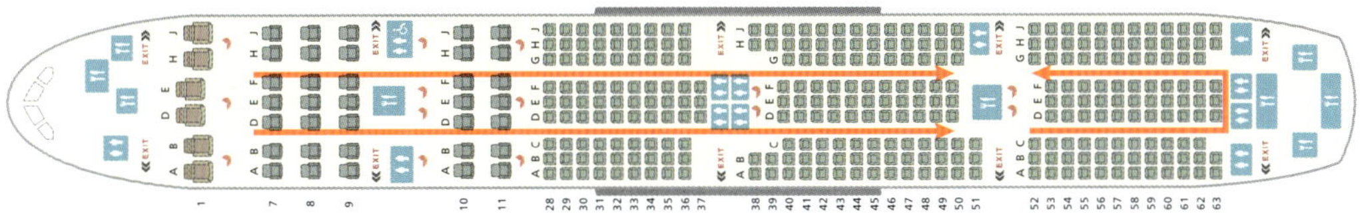

- 기내 면세품 서비스 시작 전 안내 방송이나 안내 비디오를 상영한다.
- 기내 면세품 판매 담당 승무원은 기내 판매용 카트(Sales Cart)에 판매 용품을 준비하여 객실을 순회하며 구입을 원하는 승객들에게 면세품을 판매한다. 면세품 카트를 이용한 판매가 종료된 후에도 물품을 구매하고자 하는 승객은 객실 승무원에게 개별 주문할 수 있다.
- 기내 판매 시 조명을 밝게(Full Bright) 유지하되 카트 진행 정도에 따라 조도를 조절하여 해당 구역의 객실 조명만을 밝게 유지하도록 하고 20시 이후 출발편은 어두운(Dim) 상태로 유지한다.
- 휴식을 취하는 승객에게 방해되지 않도록 기내 면세품 판매에 가담하지 않는 승무원은 객실 내에 서비스 공백이 생기지 않도록 순회한다.

- 기내 면세품 판매가 종료되면 Inventory 작업 및 대금을 정산하고 승무원 간 인수인계용 또는 모기지 도착 후 보고를 위해 판매 Report를 출력한다.
- 고가품은 반드시 정위치(고가품 Carrier Box)에 보관하여 인계한다.
- 해외 현지 도착 시 기내 면세품은 승무원 상호 간 Seal To Seal 방식으로 인수인계한다.
- 기내 면세품에 대한 별도의 세관 보고서가 필요한 경우(미주 입국 등)에는 해당 서류를 준비하고 해외 도착 후 판매 대금 및 인수인계용 서류를 다음 팀에 인계한다.
- 해외에서 출발 시 항공기를 인계한 기내 면세품 담당 승무원으로부터 인계받은 면세품의 보관 상태, 판매 대금, 면세품 수량 등이 정확한지 파악하여 객실 관리자에게 보고한다.
- 모기지 공항에 도착한 후 기내 면세품을 지상 조업원에게 인계하고 판매 대금, 잔돈을 회사의 정해진 장소에 반납한다.
- 항공기에서 접수한 '기내 면세품 사전 주문서'를 정확히 인계한다.

면세품 판매 안내 방송	• 방법: PR/CL, EY/CL(FR/CL 제외) • 안내 비디오: 개인 AVOD 이용
면세품 판매	• 방법: 기내 판매용 카트 이용/개별 판매 • 기내 판매 보충 업무 • 조명 조절: Full Bright(20시 이후 Dim)
Inventory(인벤토리)	• Merge: POS 기록 합산 • 판매 후 면세품 재고 파악 • 판매 대금, 사전 주문서 수량 확인

기내 면세품 판매 담당 승무원은 기내 면세품 판매에 관한 모든 사항을 총괄하나 객실 사무장과, 객실 사무장이 지정한 각 클래스의 서비스 전담 승무원 등도 기내 면세품 판매 카트 서비스 업무를 함께 수행할 수 있다. 또한 기내 면세품 판매에 가담한 모든 승무원들은 기내 면세품 전달 및 정산에 문제가 생기지 않도

록 집중하여 업무를 수행한다.

5) 국가별 면세 한도액 규정

면세 규정은 각국의 경제 상황이나 여행자 수요 변화 등에 따라 주기적으로 조정되는 경우가 많고, 면세 한도는 각국의 수입 제한 정책이나 관세 수익 목표에 따라 달라질 수 있다. 따라서 객실 승무원은 해당 비행 노선이 속한 국가의 최신 면세 규정을 숙지하여 승객에게 올바른 정보를 제공할 수 있어야 한다. 또한 미성년자에게 주류, 담배 면세는 적용되지 않으므로 판매 시 유의한다.

주요 국가별 면세 한도액

국가	면세액	담배	주류	향수	미성년자 기준
한국	$600	200개비(1보루) 전자담배 니코틴 용액 20ml	2병, 2L 이하 ($400 이내)	1000ml	만 19세 미만 (출생연도 기준)
일본	¥200,000	400개비(2보루) 전자담배 10갑 이하	3병(1병당 760ml)	2온스	20세 미만
중국	¥2,000	400개비(2보루) 시가 100개비	12% 이상 1.5L	150ml	
미국	$100	200개비(1보루)	1L		21세 미만
캐나다	CA$60	200개비(2보루)	1.14L, 와인 1.5L	별도 기준 없음	만 19세 미만
호주	AS$900	최대 25개비 (미개봉 한 갑)	2.25L	별도 기준 없음	18세 미만
프랑스	€430	200개비 시가 50개비	22% 초과 1L 22% 이하 2L 와인 4L, 맥주 16L	50g 또는 250ml	만 17세 미만
싱가포르	SG$600	200개비	증류주 1L, 와인 2L	별도 기준 없음	만 18세 미만

(2025년 1월 기준 자료)

Q 한국에 입국할 때 30ml 향수는 몇 병까지 면세 허용량에 포함될까요?

A ______________________________

02

기내 면세품 서비스

기내 면세품 판매 서비스는 Aisle 담당 승무원들이 입국 서류를 배포하는 동안 항공기별 기내 면세품 카트 대수에 맞춰 아래의 그림처럼 면세품 판매에 필요한 물품을 세팅하여 진행한다.

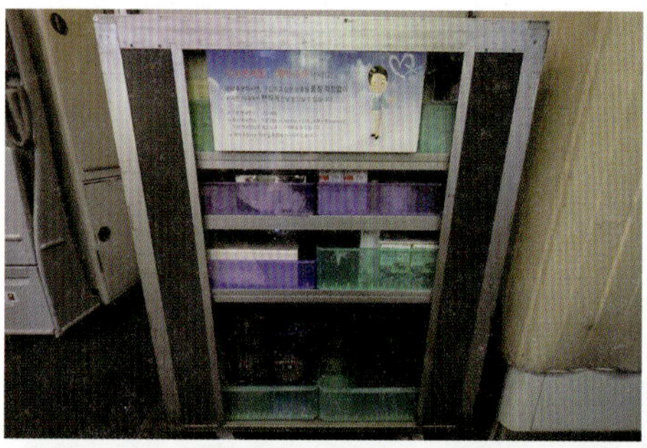

1) 기내 면세품 서비스 준비

면세품 판매 담당 승무원은 면세품이 실린 카트(카트 옆면이 투명함)의 상단에 종류별 면세품을 올리고, 판매에 필요한 물품을 준비한다. 기내 면세품 판매 안내 방송이 시작되면, 상위클래스(FR Class 제외)부터 판매를 시작한다.

- 상위클래스부터 항공기 후방으로 기내 면세품 판매 카트를 이동하며 면세품 판매를 알린다.
- 기내 면세품 판매 카트 전, 후방으로 판매 승무원이 위치하며, 항공기 후방 쪽으로 보조 승무원 1인이 배치된다.
- 기내 면세품 구매 의사를 보인 승객 옆에 카트를 고정하고 면세품 판매 절차를 진행한다.
  ① 승무원용 조견표를 이용하여 물품 번호 확인
  ② 면세품 판매용 휴대 단말기(POS)를 이용하여 물품 재고량 확인
  ③ 카트 혹은 면세품 Carry-on Box에서 물품 확보
  ④ 승객과 물품, 주문 내용을 대조하여 확인 후, POS기를 이용하여 결제(현금/신용카드 확인)
  ⑤ 영수증, 거스름돈 등 승객에게 전달
  ⑥ 쇼핑백 필요 여부 확인하여 물건 최종 전달

Tips 기내 면세품 판매 시 요령

- 물품별 가격과 환율을 숙지
- 신용카드 리더기 및 판매 보조 장비 사용 기술을 익히기
- 승객에게 적절한 구매 가이드를 제공함으로써 승객의 욕구에 부응하는 자세
- 판매 종료 후에는 반드시 구매에 대한 감사 표시
- 기내 서비스의 일환이므로 정중하고 친절한 태도
- 면세품 판매 전후 금전 및 물품 수령에 대한 처리의 세심함과 정확성에 유의

- 고객이 현금으로 결제하면 승객 앞에서 받은 액수를 확인한다.

• 카드 결제 시 카드 만기일과 서명을 확인한다(직불카드/체크카드 등은 사용 불가).
• 반드시 POS기를 이용하여 물건 바코드를 인식하고 금액을 계산한다.
• 판매 승무원은 면세 허용량이 넘는 제품에 대해 승객에게 고지해야 한다. 더불어 미성년자에게는 주류와 연초류를 판매할 수 없으므로 미성년 승객으로 보일 경우 여권이나 신분증을 확인한다.
• 항공사별로 차이가 있으나 일반적으로 한 승객이 하나의 카드로 미화 500달러를 넘는 금액을 결제할 수 없다.

기내 면세품 판매 대화문

구매 확인

• 필요하신 물품 있으십니까?
• ○○○, ○개 맞으십니까?
• 네 알겠습니다.
• 곧 가져다드리겠습니다.

물품 전달 시 상호 확인을 통해 잘못된 전달을 방지

• 손님, 주문하신 ○○○, ○개와 ○○○, ○개입니다. 주문하신 물품이 맞는지 확인해 보시겠습니까?
• 결제는 어떻게 하시겠습니까?
• 현금, 카드 결제 가능합니다.
• 거스름돈 ○○○ 여기 있습니다.
• 쇼핑백 필요하십니까?

정중한 끝인사

• 구매해 주셔서 감사합니다.

- 만약 신용카드로 500달러 이상의 물품을 구매하는 경우 카드 명의자와 카드 제시 승객이 동일한지 확인하고, 승객의 이름, 여권번호, 좌석번호를 신용카드 전표에 기입해야 하는 절차가 있을 수 있다.
- 여행자 수표를 수수할 경우 수표 하단의 Counter Sign과 Original Sign의 일치 여부를 확인하고, 뒷면에는 승객의 이름, 여권번호, 비행기 편명과 날짜 등의 정보를 기입한다.
- 양주와 향수 등의 액체류 면세품 판매 시, 도착 후 환승 유무를 반드시 확인하고 환승국 액체류 휴대 규정을 준수하여 STEB에 지입하여 판매한다.

기내 면세품 판매 시연 대화문

승객: 승무원, 발렌타인 17년 1병 살 수 있어요?

승무원: 네, 손님! 구입 가능합니다. 발렌타인 17년 1병 준비해 드리겠습니다.

승객: 가격이 얼마입니까?

승무원: 네, 원화로 145,000원입니다.
결제는 어떻게 하시겠습니까?
현금 및 카드 결제 가능합니다.
현금은 원화, 달러, 위안화, 유로, 엔화로 결제하실 수 있습니다.

승객: 원화로 결제해 주십시오.
150,000원 여기 있습니다.

승무원: 네, 150,000원 받았습니다.
거스름돈 5,000원 드리겠습니다.
쇼핑백 필요하십니까? 구매해 주셔서 감사합니다.
손님, 주문하신 발렌타인 17년 1병 맞으신지 확인해 보시겠습니까?

2) 기내 면세품 판매 종료

- 기내 면세품 판매는 기장의 도착 안내 방송(Approaching Signal: 도착 40분 전) 시점까지 종료해야 한다. 단, 별도의 세관 신고 절차가 있는 도착국의 경우 객실 사무장의 판단으로 종료를 앞당길 수 있다.
- 기내 면세품 판매 종료 후 기내 판매 담당 승무원은 재고 및 상태 확인이 완료된 후 면세품 보관용 Carry-on Box 및 기내 판매 전용 카트에 Seal을 채워 봉인한다.
- 해외 지역 도착 시 기내 면세품 판매 담당 승무원은 승무원 상호 간에 인수인계를 한다. 국가별 별도의 세관 신고서가 필요한 경우 해당 서류를 준비하여 객실 사무장에게 전달한다.
- 국내 지역 도착 시 기내 면세품 판매 담당 승무원은 판매 일보, 재고 수량(인벤토리 결과), 기내 판매 관련 서류 등을 지상 조업 직원에게 인계하고 판매대금은 회사가 정한 은행 등에 잔금과 함께 반납한다.

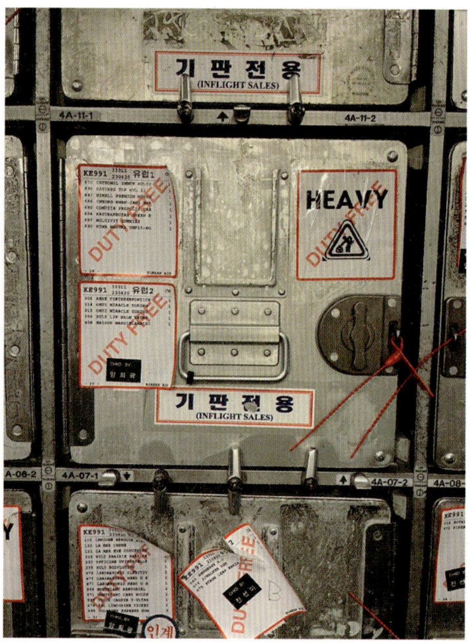

3) 기내 면세품 관련 처리

(1) 불량품/파손품 처리

상품 가치가 훼손된 물품을 승객에게 판매하지 않는다. 면세품이 훼손된 경우 훼손 정도를 확인하고 파손 시 '기내 판매 파손 신고서' 1부를 작성하여 객실 사무장의 확인을 받는다. 리페어 태그(Repair Tag)에 이름, 발생일, 편명 등을 기입한 후 담당 직원에게 인계하고 도착편 기내 면세품 판매 담당 승무원이 '기내 파손 경위서'를 작성하여 조업사 직원에게 인계한다.

(2) 교환/환불 처리

해당 비행 구간에서 판매된 물품으로 상품 가치가 하락되지 않은 경우 가능하다. 그 밖의 모든 교환 및 환불은 기내 면세품 안내 책자 내 교환처를 안내한다.

(3) 회항 시 처리

전량 회수 후 기내에서 환불 처리한다. 인터넷 주문으로 이미 결제한 경우 물품만 회수하고 결제 관련 인터넷 홈페이지를 통해 환불 가능함을 안내한다.

(4) 물품 부족분 처리

모기지 도착 후 관련 서류를 작성한 다음 처리한다.

Let's Practice

사전 주문서 작성과 면세품 카트 판매 서비스를 실습해 보세요.

1. 귀국편 사전 주문서 작성 시 확인해야 할 사항을 정리해 보세요.

2. 조원들과 기내 면세품 카트 판매 서비스를 실습해 보세요.

실습영상7

준비물

기내 면세품 판매 카트 2대, 기내 면세품 모형 적당량, 투명 Drawer 4개, 기내 판매를 위한 대금 가방(Money Bag)과 잔돈, 승무원용 가격표(조견표), 면세품 판매용 휴대 단말기(POS), 쇼핑백, 훼손 탐지 가능 봉투(STEB)

Let's Practice

3. 2인 1조가 되어 귀국편 사전 주문서를 작성해 보세요.

제출용

아래 양식에 내용을 기입하셔서 승무원에게 제출하여 주시기 바랍니다.
Please fill out the information below and submit it to the cabin crew.

성명 Name	국문 (Korean)	귀국편 탑승일 Return Date	년 (Year)	월 (Month)	일 (Day)
	영문 (English)				
생년월일 Date of Birth		귀국편 탑승편명 Return FLT No.	KE		
연락처 Telephone No.		전달희망구간 Portion	→		

품목번호 (Item No.)	품명 (Item Description)	주문수량 (Order Quantity)

[필수] 대한항공씨앤디서비스(주)는 기내 면세품 예약 주문의 접수, 전달, 결제 등의 계약 이행을 위하여 본 주문서에 포함된 개인정보를 수집 및 이용하고 이를 판매 완료 시까지 보유합니다. 이에 동의하지 않으실 경우 기내 면세품의 주문 계약을 이행할 수 없습니다. 동의 여부를 체크하여 주시기 바랍니다.
[Mandatory] Korean Air Catering & Duty Free Services collects and uses your personal information listed on this form for purposes of processing your duty-free order, sending out and delivering your order, processing/settling your payment, and carrying out other duty-free related contracts. Your personal information is retained until such purposes. If you do not consent to our collection/use of your personal information for such purposes, we may not be able to fulfill your duty-free order. Please indicate your consent by checking one of the boxes below.
예 (Yes) ☐ 아니요 (No) ☐

[필수] 귀국편에서 면세품을 받으신 후, 도착지 공항에서 다른 비행편(국내선 포함)으로 환승하십니까?
[Mandatory] After receiving duty-free items, are you going to transfer to another flight? (including domestic flights)
예 (Yes) ☐ 아니요 (No) ☐

1. 기내 면세품의 상품별 할인율과 가격은 매월 변동되며, 면세품의 가격은 상품을 전달받으시는 시점 기준으로 적용되어 주문시점 가격과 다를 수 있습니다.
   Please note that the price of the items changes monthly, and the final price will be applicable at the time of delivery.
2. 재고 부족 또는 세관 신고 필요시간 부족(뒷면 참조)으로 주문하신 상품이 탑재되지 않을 수도 있습니다.
   Please be aware that the ordered items may not be loaded on the flight due to out of stock or problem with the customs declaration.
3. 귀국편 탑승 일정이 변경된 경우, 귀국편 출발 기준 48시간 이전 연락하여 주시기 바랍니다.
   If you change your flight schedule, please let us know 48 hours before the departure time.

[필수] 기내 면세품 예약 주문서 작성 시 위의 유의사항을 확인하셨습니까? 예 (Yes) ☐ 아니요 (No) ☐
[Mandatory] Did you check the precautions above when filling out the duty-free order form?

성명 (Name) : 서명 (Signature) :

승무원 입력란 (Cabin Crew Only)

접수자 (Receiver)	접수 편명/일자/좌석번호 (FLT No. / Date / Seat No.)

☞ 상기 유의사항에 대해 안내하였습니다. Informed that all of the above precautions. ☐

Role Playing

다음과 같이 묻는 승객에게 어떻게 응대하거나 조치할지 작성하고 실습해 보세요.

1. "OOO은 다 팔렸나요?"

2. "파운드로 계산 가능한가요?"

3. "체크 카드 결제 가능한가요?"

4. "한국에 입국할 때 술은 몇 병까지 면세가 되나요?"

5. "LAX에서 환승해서 샌디에이고로 가는데 액체류 규정이 궁금해요."

Chapter

6

기내 엔터테인먼트 서비스

이륙 후 식사를 마친 승객들은 각자 개인의 취향대로 시간을 보내게 됩니다. 항공사는 승객들이 개인 시간을 보다 즐겁고 알차게 보낼 수 있도록 기내 오락물을 제공하고 있습니다. 각종 영상물 및 음악, 기내지, 무선 인터넷 등 다양한 서비스가 제공됩니다. 따라서 서비스를 제공하는 승무원들은 이러한 시스템에 대해 잘 이해하고 있어야 합니다. 승객들이 원하는 서비스를 원활하게 이용할 수 있도록 안내하고, 문제 발생 시 알맞은 도움을 제공해야 하기 때문입니다. 그럼 지금부터 항공사가 제공하는 기내 엔터테인먼트 시스템에는 어떤 것들이 있는지 알아보겠습니다.

01

기내 엔터테인먼트의 기능

기내 엔터테인먼트(In-flight Entertainment, IFE)는 항공사가 비행 중 승객들에게 제공하는 다양한 형태의 오락 및 정보 서비스를 의미한다. 승객들이 비행 중 지루함을 느끼지 않도록 돕고, 보다 즐겁고 편안한 시간을 보낼 수 있도록 해 준다.

대부분의 항공사는 승객이 원하는 것을 직접 선택하여 즐길 수 있는 개인용 AVOD(Audio/Video on Demand) 모니터를 장착하여 영화, TV, 오디오, 여행 정보 등을 제공하며, 그 외에 기내지 또는 인터넷 서비스를 제공하는 항공사도 있다. 다양한 국적의 승객이 이용 가능하도록 한국어뿐만 아니라 영어, 일어, 중국어 등의 선택이 가능하다.

승무원은 이륙 전 기내에서 승객에게 제공되는 기내 오락물과 관련하여 AVOD 시스템 및 모니터 등 기내 오락 설비 시스템의 기능과 상태를 점검해야 한다. 비행 중에도 기내 오락물 시스템 및 승객 좌석 모니터의 정상 작동 여부를 지속적으로 확인한다.

1) AVOD

AVOD란 Audio/Video on Demand의 약자로 개별 주문형 오디오/비디오 시스템을 뜻한다. 다양한 종류의 영화, 단편물, 음악 등을 제공한다. 일부 기종의 항공기에서는 와이드 스크린을 통해 지상을 조망할 수 있는 카메라(Landscape Camera), 세계 각국의 여행 정보 및 항공 상식, 환승 승객을 위한 연결편 정보 등 다양한 정보를 제공한다.

2) ISPS

ISPS란 In-seat Power Supply의 약자로 비행 중 승객의 휴대용 전자기기에 전원을 공급하기 위해 승객 좌석에 장착된 전원 공급장치를 의미한다. 상위 Class는 전 좌석에 장착되어 있으며 EY Class의 경우에는 좌석 Group당 1~2개 정도 장착되어 있다. 이륙 후 Fasten Seatbelt Sign Off 시점부터 Landing Signal 전까지 이용 가능하다. 기내 전원 공급장치 콘센트에는 다양한 형태의 플러그를 사용할 수 있으나, 일부 특수한 형태의 플러그는 별도의 어댑터가 필요할 수 있다.

3) 방해 금지(Do Not Disturb) 기능

일부 IFE System에서는 방해 금지 기능을 제공한다. '수면 중(방해 금지)/기내식 제공 시 깨워 주세요/면세품 판매 시 깨워 주세요'와 같이 승객이 원하는 메뉴 선택 시 관련 아이콘이 승객 화면에 표출된다. 승무원은 서비스 시 승객의 요청에 맞게 응대한다.

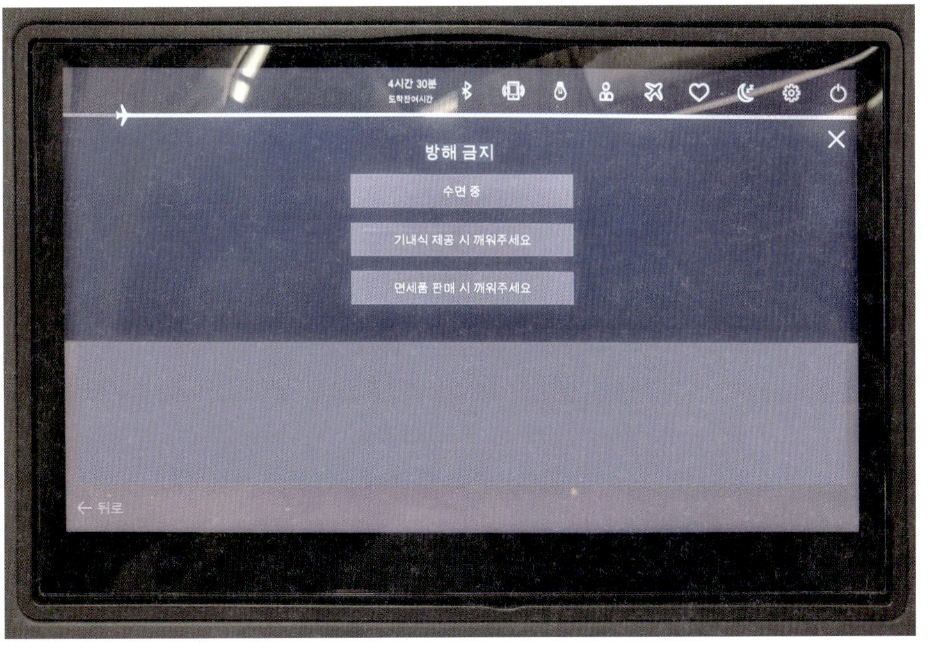

02

기내 엔터테인먼트의 구성

승객이 기내에서 즐길 수 있도록 제공되는 대표적인 오락물로는 영화, 단편물, 음악, 다양한 여행 정보 등이 있다. 항공사는 이러한 오락물 제공을 통해 승객들이 여행의 지루함을 느끼지 않도록 하고 여행 편의를 도모할 뿐 아니라 객실 서비스의 품질을 향상시킬 수 있다.

1) 기내 영화

기내 AVOD 시스템에서 제공되는 영화는 최신 영화, 고전 영화, 한국 영화, 할리우드 영화 등 다양한 장르로 구성되며, 영화의 종류에 따라 자막, 언어 등을 선택할 수 있다. 기내 영화의 선정 기준은 다음과 같다.

• 온 가족이 볼 수 있는 영화(지나치게 선정적이거나 폭력적인 영화 제외)
• 항공기 사고 등 승객에게 불안감을 조성하는 영화 배제
• 적정 상영 시간

Tips 기내 영상물의 시청 제한 기능

▶ Parental Lock(자녀 보호 기능)
자녀 보호 기능은 상영 등급별 시청 제한 기능으로 설정한 등급 이상의 영상물을 표시하지 않는다. UM 탑승 시 해당 좌석에서 PG 등급 이하의 영상물만 시청 가능하도록 Parental Lock을 설정한다. 그 외에 유아를 동반한 보호자로부터 요청이 있을 경우 설정한다.

▶ 기내 영화 등급
• G(General Audience): 전체 관람가
• PG(Parental Guidance): 만 12세 이상 관람가(UM 시청 가능)
• PG13(Parental Guidance Over13): 만 15세 이상 관람가(Optional UM 시청 가능)
• R(Restricted): 19세 이상 관람가

2) 기내 단편물(TV)

TV 단편물은 드라마, 예능, 스포츠, 다큐멘터리 등 다양한 분야의 영상으로 구성되며 보통 1~3개월 주기로 교체된다. 일부 국내 항공사는 K-Contents를 강화하기 위해 한국 드라마/예능/뮤직비디오 등의 메뉴를 별도로 마련하기도 했다. 더불어 고객 트렌드를 반영하여 Youtube 인기 채널 등의 Short Clip 콘텐츠도 시청 가능하도록 서비스하고 있다.

Tips 한식 메뉴 안내 영상

국내 K 항공사의 경우 외국인 승객을 대상으로 한식 인식 제고 및 취식 방법 안내를 위해 단편물 메뉴에 'In-flight Dining' 카테고리를 추가하여 운영하고 있다. 비빔밥, 비빔국수, 낙지덮밥, 도토리묵밥 등 다양한 한식 메뉴의 식재 안내 및 메뉴 설명, 취식 방법을 소개하며 한식에 대한 외국인 승객들의 접근성을 높이기 위해 노력하고 있다.

3) 기내 오디오

오디오는 클래식, 팝송, 재즈, 세계음악, 한국가요 등 다양한 장르별 음악이 제공되며 보통 2개월 주기로 교체된다. 기내 음악 선곡 기준은 다음과 같다.

- 국적 및 성별, 연령별 승객 분포를 감안한 채널의 구성 및 선곡
- 항공사 홍보 및 이미지 제고에 효과적인 음악가나 가수의 음악을 반영
- 사회적 물의를 일으키고 있거나 부정적인 이미지가 있는 가수와 음악은 배제
- 항공기 소음을 감안하여 지나친 저음역대와 항공 여행의 분위기를 저해하는 음악은 배제

4) 어린이 영상물

어린이 전용 메뉴를 구성하여 어린이 승객에게 선호도가 높은 영화, 단편물, 음악, 이야기책 등을 별도로 선별하여 제공하고 있다.

5) 여행 정보

여행 정보는 운항 정보/도착지 정보/외부 전경 총 세 가지 메뉴로 구성된다. 운항 정보를 선택하면 항공기 경로를 확인할 수 있는 Airshow가 재생된다. 도착지 정보는 항공기가 도착하는 공항의 정보를 제공하여 승객들이 공항 터미널 지도, 항공기 도착 주기장 위치, 환승 절차 등을 확인할 수 있다(일부 도시만 제공). 마

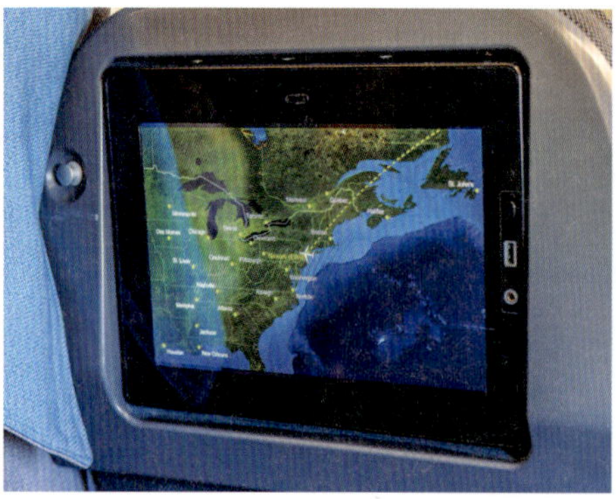

지막으로 외부 전경 메뉴를 통해서는 승객 좌석에서 항공기 전방과 하방의 외부 모습을 확인할 수 있다.

(1) Airshow(Moving Map)

비행 중 승객에게 비행과 관련된 각종 정보를 제공하는 시스템이다. 승객들은 개인 또는 공용 모니터를 통해 비행 속도, 고도, 현재 위치, 목적지까지 거리와 남은 시간, 현지 시각, 외부 온도 등의 정보를 확인할 수 있다.

(2) 외부 전경 카메라(Landscape Camera)

Landscape Camera가 장착된 항공기의 경우 모니터를 통해 항공기 전방과 하방의 외부 전경을 볼 수 있다. 상영 시점은 다음과 같다.

- 이륙 시: Demo 상영 이후 ~ 이륙 후 Fasten Seatbelt Sign Off 시점
- 착륙 시: Approaching 시점 ~ 착륙 후 항공기 Stop 시점

6) 기내 독서물

기내에서는 여행 및 문화 소식이 담긴 잡지를 비치하여 승객들에게 더욱 다양한 즐길 거리를 제공한다. 국적 항공사에서는 이러한 독서물을 통해 해외의 여행지를 소개함과 동시에 한국 고유의 아름다움을 세계에 널리 알리고자 노력하고 있다. 또한 기내 면세품 정보를 얻을 수 있는 면세품 안내지가 함께 제공된다.

7) 기내 무선 인터넷 서비스

기내에서 승객들의 인터넷 사용 수요가 증가하는 추세이다. 이러한 고객들의 요구를 반영하여 일부 항공사들은 기내 무선 인터넷 기능을 도입하여 서비스 경쟁력 강화에 앞장서고 있다. 국제선 및 국내선에서 와이파이 적용 기종 운항 시 유료 또는 무료로 무선 인터넷 서비스를 제공하고 있으며, 해당 기종의 경우 항공기 출발 전에 기내 방송을 통해 안내한다. 이 · 착륙 전후 10,000ft 이상에서 이용 가능하며, 사용 방법 및 승객 문의사항은 좌석에 비치된 리플릿을 참고하여 안내한다. 일반적으로 인터넷 및 영상/음악 스트리밍, 채팅앱 사용 등이 가능하다.

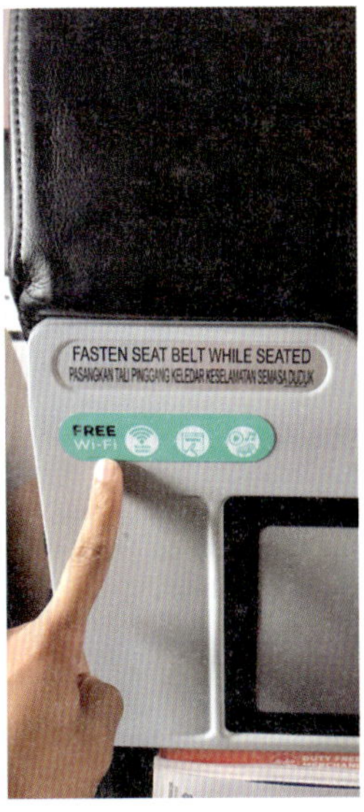

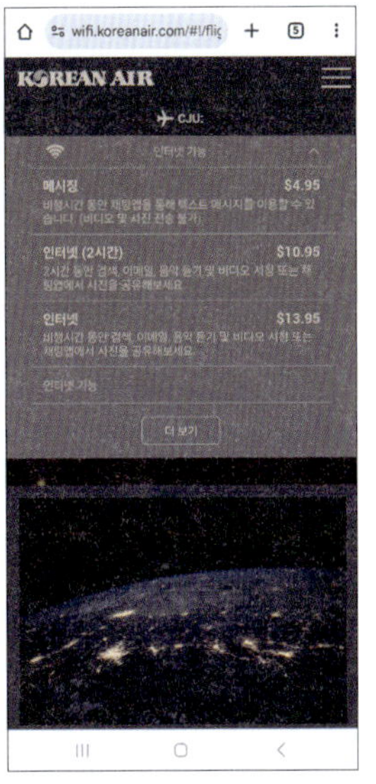

rohaizadabu/Shutterstock.com

Tips 기내 무선 엔터테인먼트(AVOD) 서비스

항공기 탑승 전 개인 휴대기기로 항공사의 AVOD 관련 애플리케이션을 미리 설치하면 비행중 개인 휴대기기를 통해 기내 AVOD 프로그램을 즐길 수 있는 서비스이며 무료로 이용 가능하다.

Q 기내 AVOD에서 선택 가능한 메뉴를 적어 보세요.

A ______________________________

Let's Practice

항공사별, 기종별로 기내 오락물에 대해 조사하고 조사한 내용을 발표해 보세요.

1. 항공사 이름 ______________________________

- 기내 오락물의 종류 ______________________________

____

____

- 특성 ______________________________

____

____

2. 항공사 이름 ______________________________

- 기내 오락물의 종류 ______________________________

____

____

- 특성 ______________________________

____

____

Role Playing

다음과 같이 묻는 승객에게 어떻게 응대하거나 조치할지 작성하고 실습해 보세요.

1. "기내에서 볼 수 있는 영상물 종류에는 어떤 것이 있나요?"

2. "비행기가 가고 있는 지도를 볼 수 있나요?"

3. "모든 영상물은 어린이가 시청해도 괜찮은가요?"

Chapter

7

승객 Rest 시 및 착륙 전 업무

승객이 휴식을 취하고 있는 동안에도 승무원의 서비스는 계속됩니다. 언제나 쾌적하고 안전한 기내 환경을 제공하기 위해서입니다. 승무원은 승객들의 개별 요청사항에 응대하고 필요한 승객에게 간식과 음료 등을 제공합니다. 기내 청결을 위해 기내 환경을 점검하고 깨끗하게 유지되도록 살펴야 합니다. 또한 안전한 기내 환경을 위해 객실 내 안전 상태를 항상 점검하고 환자 발생이나 비상 상황 등에 상시 대비하는 등 다양한 업무들을 하고 있습니다. 많은 승객들이 잠들어 있는 어두운 기내에서 승무원들은 어떤 업무를 하고 있는지 살펴보겠습니다.

01
승객 Rest 시 업무

첫 번째 식사 서비스, 입국 서류 및 기내 면세품 판매 서비스까지 종료하면 승무원은 승객의 휴식을 돕기 위한 다양한 업무를 수행한다. 객실 조명 조절과 소음 관리, 기내 온도 조절 등을 통해 승객이 편안히 쉴 수 있는 환경을 조성한다. 또한 승객들의 개별 요청사항에 응대하며 불편사항이 없도록 한다. 승객들의 안전한 비행을 위해 기내를 수시로 점검하고 필요시 좌석벨트 착용 상태 등을 확인하는 것도 잊지 말아야 한다.

1) 서비스 업무

승객이 휴식을 취할 때에도 승무원은 기내를 순회하며 승객을 개별적으로 응대하거나 승객이 필요한 것을 요청할 수 있도록 승객 가시권에 대기한다. 승객들의 기호 및 상황을 감안하여 In-between Snack을 서비스하거나, Self-service Snack Corner를 준비한다.

Ko Aun Lee/Shutterstock.com

승객이 사용하고 난 후의 서비스 아이템 등은 바로 정리하여 청결한 환경이 유지될 수 있도록 해야 한다. 또한 Galley 주변이나 Door Side, 화장실 주변 등 다른 좌석보다 상대적으로 쾌적성이 낮다고 생각되는 좌석의 승객에게는 더욱 관심을 갖고 서비스한다. 필요시 안대나 귀마개 등을 제공할 수 있다. 화장실은 오염되거나 악취가 발생하기 쉽기 때문에 수시로 점검하고 부족한 아이템이 없는지 확인한다.

- 15분 간격으로 Walk Around를 하며 승객의 필요사항이 없는지 살핀다.
- 통로를 지날 때는 승객의 휴식에 방해되지 않도록 유의한다.
- 담당 구역 순회 후 승객의 가시권에서 대기하며 승객의 요청에 즉시 응대하도록 한다.
- 음료는 1~2시간 간격으로 제공되도록 Tray Basis(물, 주스 종류) 또는 Mineral Water를 들고 나가 서비스한다.
- 개별 포장 서비스 용품이 제공된 경우 수시로 비닐 포장을 회수하여 Aisle과 Seat Pocket을 청결하게 유지한다.
- Lavatory는 수시로 점검하며 화장실 청결 상태 확인 및 용품을 Refill한다.
- UM 편지 작성 등 SPCL PAX를 Care한다.
- 담당 구역별로 UM, 노약자, 한가족 서비스 승객 등 서류 작성에 협조한다.
- Galley 주변, Door Side, 화장실 주변 등 다른 좌석보다 쾌적성이 낮다고 생각되는 좌석의 승객들에게는 비행 중 불편한 사항이 없는지 수시로 관심을 갖고 서비스한다.
- 취침 승객에게는 베개/담요 등의 사용을 돕고, Screen 주위 승객에게는 안대 등을 제공한다.
- 2nd SVC 준비를 한다.
- 2nd Meal 서비스 시점을 고려하여 적정 시점에 Meal Cart 교체, 주요리 Setting, Heating, 음료 Chiling 등을 한다.

Tips Special Care Passenger(SPCL Care PAX)

도움이 필요한 승객은 비동반 소아, 유소아 동반, 한가족 서비스 승객, 장애인, 임신부, Wheelchair 사용 승객, 노약자 승객 등을 의미한다. 담당 승무원은 탑승 시부터 하기 시까지 승객이 필요한 도움을 제공하고, 승객 유형에 따라 적절하게 응대한다.

☞ 부록 '4. Special Care Passenger(SPCL Care PAX)' 참조

(1) In-between Snack

첫 번째 식사와 두 번째 식사 사이의 승객 Rest 시점에 제공하고, Bread Basket 혹은 Drawer에 종류별 Snack과 Cocktail Napkin을 준비한다. 필요시 Cart를 이용할 수 있으며, 이 경우 조명을 조절한 후 서비스한다.

Dr. Victor Wong/Shutterstock.com

- Drawer에 준비한 Snack과 음료를 함께 제공하고, 간식을 개별적으로 요청하는 경우에는 사전에 계획한 시점과 별도로 해당 승객에게 제공한다.
- Drawer나 Tray, Trash Bag을 이용하여 빈 컵과 쓰레기 등을 수거한다.

(2) Self-service Snack Corner

장거리 노선의 이코노미 클래스에서는 휴식 시 승객이 자유롭게 이용할 수 있도록 Galley 내 일정 공간을 활용하여 음료 및 간식을 Display하여 운영한다. 기종별로 승객이 쉽게 이용할 수 있는 Galley 내 선반 위 지정 장소에 설치, 운영하며 Galley Light는 Off 후 부분 조명을 사용한다.

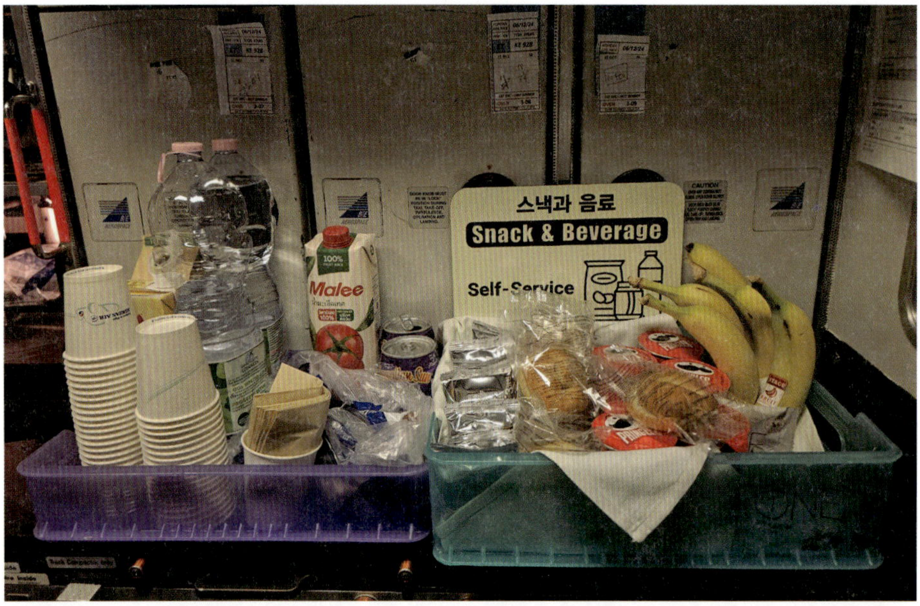

Self-service Snack Corner 안내문

안내 말씀 드립니다. 이 비행기의 (중간/뒤쪽)에는 여러분께서 자유롭게 이용하실 수 있는 스낵 공간이 있습니다. 자세한 내용은 승무원에게 안내받으시기 바랍니다.

We would like to remind you that there is a self-service snack area in the (middle/rear) section of this aircraft. Please feel free to help yourself. For more information, please ask our cabin crew.

- Self-service Snack Corner 개시 전 안내 방송을 실시한다.
- 2개의 Drawer를 이용하여 Juice류와 별도 탑재된 Snack 3~4종을 Setting하고, 수시로 살펴 적정 상태를 유지할 수 있도록 관리한다.
- 승객이 취식 완료한 컵과 비닐 등을 버릴 수 있도록 Self-service Snack Corner 근처에 회수용 Trash Bag을 비치한다.
- 주류 및 Hot Beverage는 안전을 고려하여 Setting하지 않고 승객 요청 시 승무원이 직접 제공한다.

2) 안전 업무

승객이 휴식을 취하고 있는 동안에도 승무원은 안전한 기내 환경이 유지될 수 있도록 노력해야 한다. 기류 변화로 갑자기 항공기가 흔들릴 수 있기 때문에 승객들이 항상 좌석벨트를 착용할 수 있도록 안내한다. 항공기 순항 중에도 도어 주변이나 기내 통로에 탈출을 방해하는 물건이 방치되지 않도록 살핀다. 승객 좌석 주변, 화장실, 도어 사이드(Door Side) 등을 수시로 점검하며 수상한 물건이 은닉되어 있지 않은지 확인한다. 더불어 수상한 행동을 하는 승객이 있거나 화장실 등에서 흡연을 하는 승객이 있는지 수시로 점검한다. 갑작스러운 환자 발생에 대비하여 승객을 항상 살피고 특히 노약자 승객이 있는 경우 더욱 세심히 살핀다.

- 승객 Rest 시에는 담당 Zone을 15분 간격으로 순회하며, 객실의 안전을 유지하고 기내 상황을 점검한다.
- 비행 중 화장실 내 모든 보관공간(쓰레기통, 휴지/화장지 보관함, 세면대 하단의 Compartment 등)에 대하여 최소 30분마다 점검을 실시한다.
- 화장실, Door Side, 객실 후방 등 안전 취약 지역을 점검하여 갑작스러운 환자 및 화재 발생에 대비한다.

Q 첫 번째 식사와 두 번째 식사 사이의 승객 휴게 시점에 제공하는 간식 서비스의 두 가지 방식을 적어 보세요.

A ______________________________

02 착륙 전 업무

비행기의 목적지 착륙이 40분 정도 남게 되면 운항 승무원의 도착지 안내 방송이 나온다. 이때부터 객실 승무원은 기내 서비스를 마무리하고 착륙 준비를 해야 한다. 회수가 필요한 서비스 용품을 정리하고, 승객의 물품을 보관한 경우 돌려드린다. 승객들의 입국 서류 작성 상태를 확인하고 하기 시 도움이 필요한 승객에게는 하기 방법에 대한 사전 안내를 완료한다.

Approaching 시점이 되면 승객들의 좌석 등받이, 발받침대, Tray Table 등의 원위치 및 수하물 보관 상태 등을 점검한다. 그리고 Landing 시점에 이르면 마지막으로 승객 좌석벨트 착용 상태를 점검하고 승무원은 Jump Seat에 착석한다.

1 착륙 40분 전

- 도착 전 갤리 디브리핑
- 서비스 용품 회수(유아용 요람, 헤드폰 등)
- SPCL PAX 하기 안내 등 도움 제공(UM 승객, 한가족 서비스 승객, WCHR 승객 등)
- 주류 및 기내 면세품 카트 Sealing
- Galley 내 유동물의 고정, 객실 용품 정리

2 Approaching 시점

- 승객 좌석 등받이, 발받침대, Tray Table, 접이식 모니터 원위치, 수하물 보관 상태 점검

3 Landing 시점

- 승객 좌석벨트 착용 점검

1) 도착 전 갤리 디브리핑(Final Galley De-briefing)

중·장거리 노선에서는 항공기 도착 약 1시간~40분 전에 클래스별 Galley 담당 또는 선임 승무원의 주관하에 최종적으로 갤리 디브리핑(Final Galley De-briefing)을 실시한다. 단거리 노선에서는 Approaching 시점(항공기 도착 약 20분 전)에 실시하며, 그 내용은 다음과 같다.

- Meal(SPML 포함)을 비롯한 서비스 Irregular 해결 확인
- 불만 승객 발생 및 Handling 조치 확인
- Special 승객 Care 및 서비스 확인
- 승객 요청사항 수행 및 보관 물품 반환 여부 확인
- SHR에 언급된 고객 관련사항 확인
- 기타 특이사항 확인

Tips Special Handling Request(SHR)

도움이 필요한 승객 및 서비스에 필요한 승객 정보가 수록된 운송 양식을 뜻한다. 승객의 개인 정보가 집약된 고밀도 정보로 타인에게 유출되지 않도록 각별히 주의해야 한다. 현재 대부분의 항공사가 Mobile SHR을 운영하고 있다.

2) 착륙 준비 업무

(1) 착륙 40분 전 준비 절차

착륙 40분 전 운항 승무원의 도착지 안내 방송이 실시되면 객실에서는 다음과 같이 착륙 전 서비스 업무를 마무리한다.

- 미회수된 서비스 용품을 회수한다.
- Galley 내 유동물의 보관 상태를 점검하고 객실을 정리 · 정돈한다.
- 객실 부사무장으로부터 업무를 부여받은 SPCL PAX 담당 승무원은 승객의 착륙 준비에 도움을 제공한다.
- 하기 시 승무원의 도움이 필요한 승객에게는 하기 시점과 방법에 관하여 안내한다.
- 객실 사무장은 몸이 불편한 승객, 회사가 약속한 서비스를 제공받지 못한 승객, 불만 승객 등 특별한 배려와 안내가 필요한 승객에게 개별 응대한다.
- 객실 부사무장은 각 Zone의 Aisle 담당 승무원 또는 Galley 담당 승무원으로부터 하기 시 별도 보고가 필요한 사항과 기내 설비 문제점 등을 취합하여 객실 사무장에게 최종 보고한다.
- 객실 부사무장은 Liquor, 기내 면세품 등에 대한 Seal 여부를 최종 확인한다.
- 객실 부사무장은 하기 시 노약자, WCHR 승객, 한가족 서비스 승객, UM, 운송 제한 승객 등 도움이 필요한 승객을 확인하고, 필요시 담당 승무원을 배정한다.
- 객실 부사무장은 어린이 용품을 보관하고 Sealing한다.

- Galley 담당 승무원은 객실 용품을 정리하고 Red Seal이나 Blue Seal이 필요한 Item의 Sealing 상태를 확인한다.
- Galley 담당 승무원은 Galley 내 모든 유동물의 고정 상태를 확인한다.
- Galley 담당 승무원은 하기 시 필요한 조치사항을 객실 부사무장에게 보고한다.
- Galley 담당 승무원은 교대 팀에게 전달이 필요한 내용을 기록하여 전달한다.
- 기내 판매 담당 승무원은 기내 면세품을 정리하고 Sealing 및 Locking을 한다.
- 기내 판매 담당 승무원은 세관 제출용 각종 서류를 출력하고 객실 사무장에게 제출한다.

(2) Approaching 준비 절차

Approaching은 TOD 시점이다. TOD란 Time of Descent의 약자로 착륙 준비를 위한 항공기 강하 시점을 뜻한다. 객실에 'Cabin crew, prepare for landing.'이라는 기장의 안내 방송이 실시되며, Fasten Seatbelt Sign은 Off 상태에서 별도의 Approach Signal Chime은 울리지 않는다. 객실 승무원은 아래와 같은 업무를 수행한다.

- Approaching 안내 방송을 실시한다.
- 객실 사무장은 승객이 보관을 의뢰한 물품을 반환했는지 여부를 확인한다.
- 승객의 휴대 수하물 보관 상태를 점검한다.

- 승객 좌석 등받이, 발받침대, Tray Table, 접이식 모니터 등을 원위치하도록 안내한다.
- 항공기 내 모든 유동물의 고정 상태 등 착륙을 위한 준비 상태를 완료한다.

(3) Landing 준비 절차

Landing 시점이 되면 기내 Landing Signal Chime이 3회 울리고 Fasten Seatbelt Sign은 On 상태가 된다. 객실 승무원은 아래와 같은 업무를 수행하고 착석한다.

- Landing 안내 방송을 실시한다.
- 승객 좌석벨트 착용 상태를 점검한다.
- 화장실 안에 잔류 승객이 있는지 확인한다.
- 객실 승무원은 최종적으로 객실 안전 점검을 수행한 후 Jump Seat에 착석한다.

Q 승객들은 언제까지 화장실 사용이 가능할까요?

A ______________________________

Let's Practice

다음 시점에 수행해야 하는 객실 업무를 정리하고 실습해 보세요.

1. 착륙 40분 전

2. Approaching 시점

3. Landing 시점

Role Playing

다음의 Duty 승무원이 되어 착륙 전 업무를 수행해 보세요.

1. 객실 부사무장

2. Galley 담당 승무원

3. 기내 판매 담당 승무원

4. Aisle 담당 승무원

부록

1. 객실 브리핑 시트

2024.07.08(MON) UTC 2024.08.07 (MON)

KE017 773ER

ICN Seoul, Korea **LAX** Los Angeles, USA

Arrival Airport **Los Angeles International Airport**

STD	**14:30**	(GMT+9:00)	STA	**18:30**	(GMT-8:00)
Flight Time	**11:00**		Actual Time	**10:45**	
Gate	**14:30**		Mile	**14:30**	
Cabin Briefing	**12:50**	T2 1번 브리핑실	Joint Briefing	**13:45**	

Cockpit Crew

YE, KYUNGHEE (CAP)

LIM, MYUNG HWAN(CAP)

PARK, BO RAM(F/O)

KIM, DONGKI(F/O)

Extra Crew

KANG, JI WON(F/O)

DUTY ASSIGNMENT

DP KIM JIN SIL(김진실) 0****** PS14/ 1004 DUTY PURSER CONFIRMED

FAL L1 AP15 0111 KIM INHA 김인하	**FAL** R1 PS19 0931 KIM YOUNA 김유나	**FAR** L5 AP15 0111 PARK MINJI 박민지
CAL R2 AP19 0931 CHOI JIWON 최지원	**CAG** R5 AP11 0931 KWON JENI 권제니	**CAR** R2 AP15 0531 HONG SOL 홍솔
CBL L3 AP15 0931 JANG EUNJI 장은지	**CBG** L2 PS11 0931 YANG RINA 양리나	**CBR** R3 AP21 0111 HONG NAEUN 홍나은
YCL L5 FA16 0823 KIM JISOOK 김지숙	**YCG** L4 PS22 0223 CHOI HYUNA 최현아	**YCR** R4 FA23 0931 LEE SOJIN 이소진
YDL R5 FA19 0931 MYUNG HYEJI 명혜지	**YDG** L2 PS15 0931 HWANG BORA 황보라	**YDR** R5 AP22 0620 PARK DAWON 박다원

PURSER'S COMMENT

비행필수 휴대품 재확인,
ZONE별 승객 정보 숙지,
기내 IRRE 상황 적시 보고,
안전업무(LOCKING 등) 철저,
HAPPY FLIGHT!

기내 방송 현지어 방송	FAG
ANN.MONITORING CONTROLLER	DP
기내 판매	YDG
TASER	DP, YBG
CATERING SEAL CHK	FAG, CAG, YCG(1ST), YDL(2ND)
탑승권 확인 DUTY	FAL, CBG
EXTRA CREW	FAG

A/C HL7573

SEAT CONFIG	IFE	PRAM	ISPS	SATELLITE PHONE
8/56/227	System Ex2/ Video & Audio AVoD	Y	Y	(확인필요)

PAX INFO F 4/ C 54/ Y 226 (8/56/227)

RSVN	F 4/ C 54/ Y 226 (8/56/227)	A/C RTN	KE018(31JUL) F 3/ C 40/ Y 227(8/56/227)

NATIONALITY

KOR	190	JPN	10	CHN	8	USA	115	EUR	5	SEA	7	MEA	0	OCN	0	CIS	0

SPCL PAX DATA

MMC/MP	15	SPML	26	FMLY	2	UM	1	WCHR	5
VOC	2	BSCT	2	CHLD	30	PETC	2	AVIH	1

SERVICE PROCEDURE

PHASE	TIME	SERVICE DETAIL
1ST SVC	15M AFTER TAKE-OFF	AMENITY KIT, AST MEAL WZ BEV, ENTRY DOMENTS, SALES
PAX REST		BEV TRAY or WATER SVC, IN-BETWEEN SNX(1~2시간 간격)
2ND SVC	2H 30M BEFORE LANDING	2ND MEAL WZ BEV SVC
PREPARATION FOR APPROACHING	40M BEFORE LANDING	RECHECK ON THE ENTRY DOCUMENTS
PREPARATION FOR LANDING	20M BEFORE LANDING	SEALING CARTS & LOCKING GALLEY COMP'S

SERVICE MEAL

	1ST MEAL	2ND MEAL	IN-BETWEEN SNACK
F	1. 한식: 제육볶음(정찬) 2. 한식: 매운맛 갈비찜(정찬) 3. 양식: 페리구소스의 등심스테이크 4. 양식: 바질 크림 소스의 해산물 요리	1. 한식: 순두부국 2. 양식: 버섯 오믈렛 3. 양식: 팬케이크	짬뽕 또는 라면 쿠키 시리얼바 감자칩
C	1. 한식: 비빔밥 2. 한식: 제육쌈밥 3. 양식: 로즈마리소스의 쇠고기 스테이크 4. 중식: 라조소스의 해산물요리 + 홈페이지를 통한 사전 주문 메뉴	1. 한식: 고등어구이와 새우호박볶음 2. 양식: 스크램블드 에그 + 홈페이지를 통한 사전 주문 메뉴	라면 쿠키 시리얼바 피자, 팝콘
Y	1. 한식: 비빔밥 2. 양식: 그레이비소스의 쇠고기스튜 3. 양식: 치킨 샐러드	1. 한식: 야채죽 2. 양식: 스크램블드 에그	라면 시리얼바 다이제쿠키 바나나

SERVICE WINE

	RED WINE	WHITE WINE	CHAMPAGNE
F	1. BODEGA ARZUAGA DO RIVERA DEL DUERO RESERVA 2019, 750ML 2. CHATEAU LANGOA BARTON 2008, 750ML 3. SHAFER TD-9 2021, 750ML	1. CHATEAU BOUSCAUT 2018 BLANC, PESSAC LEOGNAN, 750ML 2. CHATEAU GUIRAUD 2002, SAUTERNES, 375ML 3. WEINGUT ROBERT WEIL KIEDRICH TURMBERG RIESLING TROCKEN 2022, 750ML	CHAMPAGNE DEVAUX STENOPE AOP 2018, 750ML
C	1. ARIA DI CAIAROSSA 2021, TOSCANA IGT, 750ML 2. CHATEAU MONTUS 2019M MADIRAN, 750ML	1. DAVIS BYNUM RIVER WEST AVA RUSSIAN RIVER VALLEY CHARDONNAY 2022, 750ML 2. DREISSIGACKER RIESLING ORGANIC DRY TROCKEN 2022, 750ML	CHAMPAGNE DUVAL LEROY BLANC DE BLANCS, 750ML
Y	BODEGAS BORSAO DO CAMPO DE BORJA 0000, 750ML	ALAMOS CHARDONNAY MENDOZA 0000, 750ML	

GENERAL NOTICE

Safety

- 이륙 전 Galley 내 Door Locking 상태 확인 철저
- 항공기 보안 점검 Check List e-DOC App 작성 시 유의사항 준수
- 미국 Tarmac Delay Rule 적용 노선으로 관련 대응 지침 숙지 철저
- Air Taser 탑재 금지 노선

Service

- 기내 청소 지상 점검 업무 절차 참고 사항 숙지
- 녹용 성분 포함 기내 판매 상품 미국 입국편 판매 중단
- Cabin Occupant 기능 설정 시 유의사항
- FR 헤드셋(삼성 기종) 기능 유의사항 숙지
- [재강조] SPML Tag은 조석 등받이 상단 Seat Cover에 부착되도록 유의
- 장거리 노선 해외 탑재 현지 생수 한국 출발편 사용 불가
- IFE 작동 시 유의사항 준수

C.I.Q

- 기내 서류 Pouch Bag(초록색) 운영 관련
  - 기내 서류 Pouch Bag 내 Cargo 서류(비닐 bag) 지입 지양

Announcement

- 기내 방송 언어 및 순서 : 한국어 – 영어

2. 신입 객실 승무원 필수 업무 지식 Check List

서비스 기본

평가 항목	세부 내용	Check(O/×)	
용모와 복장	유니폼 및 액세서리 착용 기준을 준수하여 단정하고 깔끔한 이미지를 연출하는가?		
	규정에 맞는 Make-up(면도 상태), Hair-do, 손/손톱 상태를 유지하는가?		
표정과 자세	Eye Contact & Smile을 유지하며, 상황에 맞는 표정으로 고객을 응대하는가?		
	Standard Motion을 준수하여 응대하는가?		
	고객 응대 시 고객의 영역을 침범하지 않으며, 적정 거리를 유지하는가?		
	고객의 요청을 적극적으로 해결하기 위해 노력하는가?		
대화	고객의 입장에서 대화를 경청하고 적절히 호응하는가?		
	적절한 톤, 속도, 음성 크기를 유지하여 대화하는가?		
	친근하고 공손한 어조로 대화하는가?		
	고객 응대 시 일사일언하고 고객의 요청에 복명복창하는가?		
	전문 용어, 사물 존대, 부정확한 어휘를 습관적으로 사용하고 있지 않은가?		

서비스 절차별

평가 항목	세부 내용	Check(O/×)	
탑승권 확인	탑승권 확인 업무를 정확히 수행하는가?		
좌석 관련	좌석 IRRE 관련 고객 응대 시 절차를 숙지하여 응대할 수 있는가?		
휴대 수하물	기내 반입 휴대 수하물 적합성 여부 확인 및 인가된 보관장소를 안내하는가?		
승객 브리핑	비상구열에 착석한 승객에게 좌석 브리핑을 실시하는가?		
	비상탈출 시 도움을 필요로 하는 승객 및 객실 구조상 DEMO를 볼 수 없는 승객에게 개별 브리핑을 실시하는가?		
휴대용 전자기기	이착륙 시 휴대용 전자기기를 사용하는 승객에게 규정을 안내하는가?		
SPCL PAX 응대	SPCL PAX에게 비행 시점별 응대 지침을 숙지하여 도움을 제공하는가? (UM, FMLY/한가족 서비스, 유소아 동반 승객, WCHR 승객, 청각/시각/언어 장애 승객)		
	BSCT 신청 승객		

식음료 서비스	탑재된 다양한 음료를 소개하고 식음료 제공 기본 원칙에 따라 서비스하는가?		
	알코올 음료 제공 시 규정을 숙지하고 서비스하는가?		
	SPML을 주문한 승객에게 서비스 기준 및 절차를 숙지하여 제공하는가?		
	SPML IRRE 관련 고객 응대 시 절차를 숙지하여 응대할 수 있는가?		
	탑재된 식사 메뉴를 소개하고 식음료 제공 기본 원칙에 따라 서비스하는가?		
	메뉴 선택 불가 시 절차를 숙지하여 응대할 수 있는가?		
	기내식 변질/이물질 발견 시 절차를 숙지하여 응대하고 사무장 보고 등 후속 조치를 취하는가?		
	Hot BEV 서비스 시 유의사항을 숙지하여 서비스하는가?		
	서비스 기물 취급 시 용도에 맞게 사용하며 Handling에 주의하는가?		
	기내 화상 승객 발생 시 응급처치 절차에 따라 수행할 수 있는가?		
	회수 시 취식 만족도, 회수 여부를 확인하고 치워 드리는가?		
	Galley 내 작업 시 소음에 유의하며 항상 청결하게 위생 상태를 유지하는가?		
	개인 휴대 음식 관련 기내 취식 불가 음식 및 예외 규정을 안내할 수 있는가?		
	취침 승객에 대한 응대 지침을 숙지하여 응대하는가?		
기내 서류	전자 우대 할인권 발급 시 유의사항을 고객에게 안내하고 처리하는가?		
	국가별 출입국 규정을 숙지하고 입국 서류를 배포하는가?		
기내 면세품	물품 전달 시 상호 확인을 통해 오전달을 방지하는가?		
	신용카드 수수 시 처리 절차 및 유의사항을 숙지하고 있는가?		
	KALPOS를 이용하여 기내 면세품을 결제할 수 있는가?		
	판매 시 환승 여부를 확인하며 액체류 반입 규정 안내 및 필요시 STEB을 제공하는가?		
	기내 면세품 주문서(예약 주문) 접수 시 유의사항을 안내하는가?		
기내 엔터테인먼트	AVOD 콘텐츠를 숙지하고 있는가? (교체 주기, 자막 설정, 언어 변경, 관람 등급 등)		
	ISPS/USB Port의 사용 방법과 유의사항을 안내하는가?		
기내 환경	기내 환경 관련 IRRE 상황 발생 시 승객에게 도움을 제공하고 사무장 보고 등 문제 해결을 위해 조치를 취하는가? (기내 낙수/온도/악취 등)		
	기내 소란 발생 시 절차를 숙지하여 응대할 수 있는가?		
환승 안내	항공기 지연 운항 시 환승객 안내 절차에 따라 도착 공항의 통보 내용을 안내하는가?		

3. Economy Class 업무 분담표

항공기 탑승 전

Galley Duty	Aisle Duty 1	Aisle Duty 2
휴대품 확인 • 여권(비자) • ID Card • 승무원 등록증 • Tablet PC • Memo Pad 등 **업무 지시/공지 확인** **비행 정보 확인** • BRFG Sheet 정보 숙지 • 도착지 정보 숙지 • 기타 관련 사항 **Cabin Briefing 참석** **합동 브리핑 참석**	**휴대품 확인** • 여권(비자) • ID Card • 승무원 등록증 • Tablet PC • Memo Pad 등 **업무 지시/공지 확인** **비행 정보 확인** • BRFG Sheet 정보 숙지 • 도착지 정보 숙지 • 기타 관련 사항 **Cabin Briefing 참석** **합동 브리핑 참석**	**휴대품 확인** • 여권(비자) • ID Card • 승무원 등록증 • Tablet PC • Memo Pad 등 **업무 지시/공지 확인** **비행 정보 확인** • BRFG Sheet 정보 숙지 • 도착지 정보 숙지 • 기타 관련 사항 **Cabin Briefing 참석** **합동 브리핑 참석**

승객 탑승 전

Galley Duty	Aisle Duty 1	Aisle Duty 2
짐 정리 **담당 GLY 설비 점검** • Water Boiler • Coffee Maker • Oven 등 • Air Bleeding 실시 **탑재 현황 확인/보고** • Meal&Bread • Headphon/Earphone • Amenity Kit **BEV Chilling 확인** **Galley 정리 정돈** **H/phone, E/phone 준비**	**짐 정리** **IFE SYS 점검(AVOD)** **Cabin 청소 상태 점검** • 좌석 • Aisle • Seat Pocket • Overhead Bin • Coat Room • Lavatory 등 **기물 CHK** **BEV & LIQ류 CHK** • Juice/Water/Soft Drink류 • Wine/Beer/Liquor류 • Mixer류/Milk 등 • Cream/Sugar/Coffee/Tea류 등 소모품 CHK • BEV Chilling(Wine/Beer/Water/Juice 등)	**짐 정리** **IFE SYS 점검(AVOD)** **Cabin 청소 상태 점검** • 좌석 • Aisle • Seat Pocket • Overhead Bin • Coat Room • Lavatory 등 **탑재 여부, 수량 확인 및 Setting** • 화장실 용품 **Aisle Senior 업무 지원**

승객 탑승 시 ~ 이륙 전

Galley Duty	Aisle Duty 1	Aisle Duty 2
담당 Zone Stand-by • Welcome 인사 • 객실 사무장 지정 승무원은 탑승구에서 탑승권 확인 휴대 수하물 정리 SHR을 통한 SPCL PAX 확인 SPCL Meal Order 승객 CHK Welcome 인사(방송 시)	담당 Zone Stand-by • Welcome 인사 • 좌석 안내 H/phone 제공 어린이 용품, 어린이 H/phone 제공 휴대 수하물 보관 안내 담당 SPCL PAX Handling Welcome 인사(방송 시)	담당 Zone Stand-by • Welcome 인사 • 좌석 안내 H/phone 제공 어린이 용품, 어린이 H/phone 제공 휴대 수하물 보관 안내 담당 SPCL PAX Handling Welcome 인사(방송 시)

비행 중

Galley Duty	Aisle Duty 1	Aisle Duty 2
Heating Meal GLY BRFG 주관 Beverage 준비 주 요리 Setting Meal 서비스 준비 • Meal Cart 상단 Item 준비 Hot BEV 준비 Aisle 서비스 지원 • 부족 Item Refill • 과부족 주요리 재분배 • Side Order 해결 Meal 회수 준비 및 회수 지원 Meal SVC 종료 확인 기내 판매 업무 보조 LAV CHK: 화장실 용품 Refill 입국 서류 배포 확인 2nd SVC 준비 • 주요리 Cart 교체 및 Setting • 음료 Chilling 등	GLY BRFG 참여 Meal & Beverage 서비스 Hot BEV 서비스 Meal 회수 & Aisle 정리 Lavatory CHK • 화장실 용품 Refill • 최소 15 Min 간격 점검 • 식사 서비스 전/후 기내 판매시 PAX Care 입국 서류 배포 및 작성 협조 SPCL PAX Care • UM 탑승 시 편지 작성 등) Walk-around 실시(15분 간격)	GLY BRFG 참여 Meal & Beverage 서비스 Hot BEV 서비스 Meal 회수 & Aisle 정리 Lavatory CHK • 화장실 용품 Refill • 최소 30 Min 간격 점검 • 식사 서비스 전/후 기내 판매 시 보조 업무 입국 서류 배포 및 작성 협조 SPCL PAX Care • UM 탑승 시 편지 작성 등 Walk-around 실시(15분 간격)

착륙 준비

Galley Duty	Aisle Duty 1	Aisle Duty 2
Headphone • 회수 준비/보관 입국 서류 작성 재확인 인계품 정리 및 보관 • 고추장 • In-Between SNX • Headphone 등 GLY 정리 정돈 및 Loading Space Tag 부착 SPCL PAX 안내 확인 Lock&Seal • 도착지별 Sealing Item • Liquor Cart, 소모품 안전 업무 수행 및 착륙 준비	입국 서류 작성 재확인 Headphone 회수 보관품 반환 Cabin 정리 정돈 담당 SPCL PAX Care(도착지 안내) • 객실 부사무장이 업무 부여 안전 업무 수행 및 착륙 준비	입국 서류 작성 재확인 LIQ Inventory List 작성 후 객실 부사무장에게 제출 Headphone 회수 보관품 반환 Cabin 정리 정돈 담당 SPCL PAX Care(도착지 안내) • 객실 부사무장이 업무 부여 안전 업무 수행 및 착륙 준비

착륙 후

Galley Duty	Aisle Duty 1	Aisle Duty 2
Safety CHK Farewell 인사 L/B Item CHK • Coatroom • Seat • Overhead Bin • Lavatory Lock&Seal 재확인 • 인계 업무 Debriefing 참여 • 특이사항 보고	Safety CHK Farewell 인사 담당 SPCL PAX 하기 협조 L/B Item CHK • Coatroom • Seat • Overhead Bin • Lavatory Headphone 회수 Lock&Seal 재확인 Debriefing 참여 • 특이사항 보고	Safety CHK Farewell 인사 담당 SPCL PAX 하기 협조 • 객실 부사무장이 업무 부여 화장실 용품 회수 및 정위치 보관 L/B Item CHK • Coatroom • Seat • Overhead Bin • Lavatory 등 Headphone 회수 Debriefing 참여 • 특이사항 보고

4. Special Care Passenger(SPCL Care PAX)

1) 비동반 소아 승객(UM, Unaccompanied Minor)

보호자 없이 여행하는 소아 승객의 안전한 여행을 위해 출발지 공항부터 도착지 공항까지 시점별로 담당 직원이 직접 Care하는 서비스이다.

서비스 대상

- 국내선: 만 5세 ~ 만 12세 이하
- 국제선: 만 5세 ~ 만 11세 이하

  * Optional UM: 국제선, 만 12세 이상 ~ 만 16세 이하

서비스 내용

- 출입국 수속 안내
- 탑승구까지 동반 안내
- 우선순위 탑승 및 하기(Economy 기준, 응급환자 다음 순서)
- 여아 UM인 경우 옆좌석 승객을 여성 승객으로 배정(남녀 일행은 제외)
- 기내 영상물 Parental Lock 설정
- 입국 서류 작성 협조
- UM 편지 작성(식사 종류, 수면 시간, 비행 중 특이사항 등의 정보 기록)
- 도착 후 항공기 Door에서 지상 직원 안내
- 수하물 Pick-up 협조
- 도착장 마중 가족 인계

2) 한가족 서비스 승객(FMLY, Family Care Service)

해외 장거리 여행이 익숙하지 않은 고객이 보다 편안하게 여행할 수 있도록 돕는 무료 안내 서비스이다.

서비스 대상

• 만 7세 미만의 유 · 소아를 2명 이상 동반한 1인 승객
• 보호자 없이 여행하는 만 70세 이상의 고령 승객

서비스 내용

• 출입국 수속 안내
• 탑승구까지 동반 안내
• 우선순위 탑승 및 하기(Economy 기준, 응급환자 다음 순서)
• 입국 서류 작성 협조
• 도착 후 항공기 Door에서 지상 직원 안내
• 수하물 Pick-up 협조
• 도착장 마중 가족 인계 또는 지상 교통편 탑승 시점까지 직원 동반

3) 휠체어 서비스 승객(WCHR, Wheelchair Service)

Wheelchair 등의 보조장비 또는 부축이 필요한 승객의 이동 시 도움을 제공하는 서비스이다. 반드시 승객의 의향을 먼저 확인 후 승객이 원하는 경우에만 도움을 제공한다.

서비스 대상

• 걷거나 움직이는 데 보조장비나 도움이 필요한 승객

서비스 내용

• 탑승 및 하기 시 항공기 Door까지 또는 기내 좌석까지 Wheelchair 제공
• 부축 등의 보행 보조
• 승객의 짐 핸들링 협조
• 필요한 경우 기내 이동 시 On Board Wheelchair 제공

5. Turbulence 구분 및 행동 지침

	Light	Moderate	Severe
기내 현상	• 음료수가 컵 안에서 찰랑거림 • 승객의 복부가 좌석벨트에 약간의 압박을 느낌 • 카트를 움직이기가 약간 어려움	• 음료수가 컵 밖으로 넘침 • 승객의 복부가 좌석벨트에 의해 압박을 느낌 • 기내 보행이 곤란함 • 기내 시설을 잡지 않고 서 있기가 곤란함 • 카트를 움직이기 힘듦	• 물건들이 바닥으로 떨어지거나 고정하여 놓지 않은 물건이 튀어오름 • 승객의 복부가 좌석벨트에 의해 강하게 조임 • 기내 보행 및 서비스가 불가능함
	행동 지침		
신호	Fasten Seatbelt Sign 1회	Fasten Seatbelt Sign 2회	
기내 서비스	• 식사 서비스를 제외한 모든 서비스를 즉시 중단한다. (단, 식사 서비스는 회수 시까지 조심스럽게 수행) • 객실 사무장은 안전에 영향이 있을 것으로 판단 시 기장과 협의하여 식사 서비스를 중단할 수 있다.	• 서비스를 즉시 중단한다. • Cart는 항공기의 흔들림 상태를 고려하여 이동 가능한 경우 신속하게 가까운 Galley 내 Compartment에 보관하고, 이동 불가한 경우 Cart Brake를 밟아 현 위치에 고정한다. • 뜨거운 Coffee Pot 등은 Cart 내부 또는 통로 바닥에 내려놓는다. • 승무원의 개인 안전 확보를 Cart 및 Galley 내 유동물 고정보다 최우선해야 한다.	
좌석 벨트	• 가까운 Jump Seat에 착석하여 벨트를 착용하고 1~3분간 기류상황을 살핀 뒤 사무장의 이석 지시를 따른다. 단, 객실 사무장은 기장의 허락하에 이석 지시를 한다. • Jumpt Seat으로 이동 중 승객 좌석벨트 착용 및 화장실 내 승객 유무를 확인한다.	• 즉시 가까운 빈 좌석 또는 Jump Seat에 착석하여 좌석벨트를 착용하여야 하며, 착석 불가 시 팔걸이나 기내 구조물을 잡아 몸을 고정시킨다. • 좌석에 착석한 상태에서 주위 승객에게 육성으로 좌석벨트 착용을 지시한다. • 승객의 좌석벨트 착용 여부를 무리하여 확인하지 않는다. • 가능한 경우 화장실 내 승객 유무를 확인한다.	
기내 방송	• 객실 승무원이 Turbulence 방송을 실시한다. • 필요시 운항 승무원이 추가 방송을 실시할 수 있다.		
기내 조명	• 객실 조명이 Off된 경우 좌석벨트 착용 확인을 용이하게 하기 위해 필요시 Dim으로 조명을 조절한다. • 영화 상영 시나 승객 수면 시 Galley 커튼을 열어 둔다.		

참고문헌

- 대한항공, 대한항공 기내방송문
- 대한항공, 대한항공 서비스 업무 교범
- 대한항공, 대한항공 안전 업무 교범
- 문희정, 양지혜, 양혜련(2022), 이륙 후 준비&비행 중 서비스, 센게이지러닝코리아
- 예경희, 박소은, 여지은(2021), 항공 기내식 서비스, 센게이지러닝코리아
- 유문주, 김승미(2021), 비행전 객실서비스, 센게이지러닝코리아
- 유문주, 김지영(2020), 항공기 음료 서비스 이론과 실무, 센게이지러닝코리아
- 최성수(2020), 비행 중 서비스, 한올

- 구글포털사이트 www.google.com
- 국가직무능력표준 www.ncs.go.kr
- 대한항공씨앤디서비스(주) https://www.koreanairdfs.com/
- 대한항공 홈페이지 www.koreanair.com
- 더술닷컴 https://thesool.com/front/contents/M000000053/view.do
- 한국민속대백과사전 https://folkency.nfm.go.kr/topic/detail/8087

저자 약력

예경희 서울대학교 졸업
한국항공대학교 대학원 졸업
대한항공 상무대우 수석사무장
대한항공 객실승무부 승원팀장
대한항공 객실승무부 국내승원팀장
대한항공 객실훈련원 방송전임강사
대한항공 일반교육원 방송전임강사
중부대학교 항공서비스학과 교수

현) 인하공업전문대학 항공운항과 교수

김진실 인하대학교 경영대학원 서비스경영 박사과정
세종대학교 관광대학원 여행항공경영 석사
인하대학교 교육학 전공
㈜코웨이 CS교육팀 사내 강사
대한항공 객실사무장
대한항공 안전교관 및 심사관
인하공업전문대학 항공운항과 겸임교수

현) 인하공업전문대학 항공운항과 교수

박보람 한국항공대학교 일반대학원 경영학과 박사과정
한국항공대학교 항공경영대학원 항공경영학과 석사
숙명여자대학교 영어영문학과/정보방송학과 전공
대한항공 인력관리본부 인재개발원 전임강사

현) 대한항공 객실사무장
인하공업전문대학 항공운항과 겸임교수